조국의 대지에 꽃피운 희망의 씨앗

우장춘

본문 그림 이희선

이희선 선생님은 세종대학교를 졸업하고 같은 대학원에서 동양화를 공부했습니다.
대한민국미술대전, 동아미술대전에서 입상했으며 그린 책으로
《교과서에 실린 동화 동시 1, 2》, 《세밀화로 배우는 우리나라 거미》, 《심청전》 등이 있습니다.

부록 그림 김부일·오정희

김부일 선생님은 〈한국일보〉에서 일러스트, 인포메이션 그래픽 업무를 했으며
'뉴시스' 멀티미디어 팀 부장, 〈데일리줌〉 만화 팀장 등을 역임했습니다.
현재 (주)김부일커뮤니케이션을 설립하여 다양한 기획 및 일러스트를 진행하고 있습니다.
오정희 선생님은 공주문화대학 만화예술과를 졸업하고, 학산 문화사 신인 공모전에 입선했습니다.
에듀 조선의 연재 만화 〈맛있는 한자〉의 칼라를 담당했으며 현재 프리랜스 일러스트레이터로 활동하고 있습니다.

표지 그림 이대열

이대열 선생님은 공주문화대학 만화예술과를 졸업하고, 현재 프리랜스 일러스트레이터로 활동하고 있습니다.
〈소비자가 만드는 신문〉에 만평을 연재하고 있습니다.

 웅진생각쟁이인물 18

우장춘

초판 1쇄 발행 2007년 10월 22일
초판 5쇄 발행 2011년 12월 12일

지 은 이 민현숙
발 행 인 최봉수
총편집인 이수미
편 집 인 신지원
편집진행 구준회 김혜영 오희은 이선주
디 자 인 dnb_이영수 박소연 www.idnb.co.kr
사진제공 포인스 연합포토 유로포토 이석진
마 케 팅 박창흠 최재근 이승아 박종원 신동익
제   작 최서윤

임프린트 씽크하우스
주   소 서울시 종로구 동숭동 199-16 웅진빌딩
주문전화 02-3670-1570,1571 팩스 02-747-1239
문의전화 02-3670-1192 (편집) 02-3670-1024 (영업)

발 행 처 (주)웅진씽크빅
출판신고 1980년 3월 29일 제406-2007-00046호

ⓒ 민현숙 2007 (저작권자와 맺은 특약에 따라 검인을 생략합니다)
ISBN 978-89-01-07210-4
ISBN 978-89-01-07192-3(세트)

씽크하우스는 (주)웅진씽크빅 단행본개발본부의 임프린트입니다.
이 책은 저작권법에 따라 보호받는 저작물이므로 무단 전재와 무단 복제를 금지하며,
이 책 내용의 전부 또는 일부를 이용하려면 반드시 저작권자와 (주)웅진씽크빅의 서면동의를 받아야 합니다.

· 잘못된 책은 바꾸어 드립니다.
· 책값은 뒤표지에 있습니다.

웅진생각쟁이인물 18

조국의 대지에 꽃피운 희망의 씨앗
우장춘

민현숙 지음

씽크하우스

머리말

하나의 씨앗이
또 다른 씨앗과 만나면

우장춘의 어린 시절은 매우 불우했습니다. 아버지를 일찍 여의고 홀어머니 밑에서 자란 우장춘은 한때 고아원에 맡겨지기도 했지요. 어머니 품으로 돌아온 뒤에도 사정은 크게 달라지지 않았답니다. 학교에 다니기 시작하면서부터 영문도 모르는 채 일본 아이들의 놀림을 받아야 했으니 말이에요.

모든 시련 앞에서도 우장춘은 꿋꿋하게 성장합니다. 그리고 일본에서 조선 사람으로 당당하게 살려면 그들보다 실력이 월등해야 한다고 생각해 연구에 몰두하게 됩니다. 하지만 애써 완성한 연구 논문이 불타 없어지는 아픔을 겪게 되면서, 우장춘은 그만 좌절하고 맙니다.

그가 다시 좌절을 딛고 일어나 '종의 합성' 연구로 농학 박사 학위를 받는 과정은 참으로 눈물겹고 감동적입니다. 조선 사람이라는 차별과 멸시 속에서 일궈 낸 빛나는 업적이기에 그 의지가 더 돋보이는 것이겠지요. 이 연구로 다윈의 '종의 기원' 학설을 일부 바꿔 놓기도 했으니, 과연 세계를 놀라게 한 위대한 업적이라 하지 않을 수 없습니다.

하지만 우장춘의 업적이 더욱 빛을 발하는 것은 그가 조국으로 돌아와 쏟은 열정입니다. 해방된 조국에서는 농업을 책임질 전문가가 필요했습니다. 그리고 그 일을 해낼 수 있는 사람은 우장춘밖에 없었지요.

우장춘은 조국의 부름에 기꺼이 달려와 아버지의 나라에 뼈를 묻을 것을 다짐합니다. 미래가 보장된 생활을 포기하고, 사랑하는 가족들조차 버려둔 채 말이에요. 이렇듯 인류에 공헌한 위인의 삶을 추적해 보면 자신의 행복보다는 인류 역사의 발전을 위해 온 힘을 쏟았다는 것을 알 수 있습니다. 그래서 그들의 희생이 더욱 값지고 위대한 것이겠지요.

이 책을 읽는 모든 어린이가 우장춘의 삶 한가운데로 걸어 들어가, 그와 함께 웃고 울고 감동을 나눌 수 있기를 바랍니다. 그리하여 그의 발자취를 따라가며 또 다른 우장춘이 되어 새로운 길을 낼 한 아이가 있다면 기쁘겠습니다.

민현숙

차례

머리말   4

한국이 낳은 세계적인 육종학자 우장춘   8
    생각쟁이 열린마당 발명과 개발   14

길가의 민들레는 밟혀도 핀다   18
    생각쟁이 열린마당 아버지 우범선과 을미사변   25
    생각쟁이 열린마당 나라 잃은 백성의 슬픔   32

논문은 한 줌 재가 되었지만   38
    생각쟁이 열린마당 멘델의 법칙   46
    생각쟁이 열린마당 다윈의 진화론을 바꾸다   52

또 다른 비상을 위하여   56
    생각쟁이 열린마당 태평양 전쟁   65

50여 년 만에 되찾은 이름 68

생각쟁이 열린마당 독립된 조국, 그러나 두 정부 72

생각쟁이 열린마당 오무라 수용소 79

나의 조국, 대한민국 82

생각쟁이 열린마당 동족 상잔의 비극 6·25 전쟁 88

국민들의 밥상을 책임지는 농업 100

생각쟁이 열린마당 어머니의 우물, 자유천 111

과학자라는 이름으로 118

참된 농사꾼, 흙으로 돌아가다 128

생각쟁이 열린마당 농산물 시장 개방에 대비하는 우리 농업 136

우장춘의 발자취 140

한국이 낳은 세계적인
육종학자 우장춘

작전명, '씨 없는 수박! 육종학을 알려라'

여러분은 우장춘이라는 이름을 들어 본 적 있나요? 아마 여러분 가운데에는 그가 어떤 사람인지, 또 어떤 일을 했는지 잘 모르는 사람도 있을 거예요. 하지만 '씨 없는 수박'이라는 말을 들으면 대부분 고개를 끄덕일 겁니다.

우리는 우장춘을 '씨 없는 수박'을 만든 사람이라고 알고 있습니다. 그러나 이는 오해에서 비롯된 것이지요. 사실 씨 없는 수박을 처음 만든 사람은 일본의 농학자 기하라 히토시입니다. 기하라 히토시는 일본 육종학계에서도 꽤 유명한 사람이었습니다.

우장춘이 다키이 농장에서 일하던 시절, 기하라 히토시가 우장춘을 찾아온 적이 있습니다.

"우 박사! 1937년에 내가 대만에 갔을 때 우연히 총독부˙ 농업 시험소에서 근무하는 사람을 만난 적이 있소. 그런데 그와 이야기를 나누던 중 4배체 수박으로 3배체 수박을 만들 수 있다는 확신을 가지게 되었지요."

"예? 그렇다면 씨 없는 수박을 만들 수 있다는 말입니까? 그것이 가능할까요?"

우장춘은 눈을 동그랗게 떴습니다.

"우 박사가 도와준다면 가능할 겁니다."

"제가 도움이 될 수 있다면 기꺼이 돕겠습니다."

두 학자는 서로 마주 보고 유쾌하게 웃었습니다.

그리고 오랜 시간이 흐른 1947년에 기하라 히토시는 씨 없는 수박을 만들어 냈습니다. 기하라 히토시는 어떻게 씨 없는 수박을 만든 것일까요?

> **총독부** 식민지를 다스리기 위해 설치하는 가장 높은 기관. 총독이 이곳에서 업무를 맡아봄.
>
> **염색체** 세포가 분열할 때 세포의 핵 속에 나타나는 굵은 실타래나 막대 모양의 구조물로, 유전 물질을 담고 있음.
>
> **수정** 암수의 생식 세포가 하나로 합쳐지는 현상.
>
> **콜히친** 백합과의 여러해살이풀인 콜키쿰의 씨에 많이 들어 있는 누런 바늘 모양의 화합물. 식물의 생장 호르몬 따위로 씀.

동물과 마찬가지로 식물도 염색체˙를 가지고 있습니다. 암수가 만나 수정˙이 이루어진 다음, 각각의 염색체가 결합함으로써 같은 모양의 자손이 만들어진답니다.

수박도 마찬가지입니다. 암꽃과 수꽃 가루가 만나서 만들어지는 것이지요. 그런데 수박이 어렸을 때 콜히친˙이라는 약품을 처리하면 염색체가 두 배로 만들어진 씨가 생기게 됩니다. 이렇게 만들어진 씨를 심어 암꽃이 피면 일반적인 수박의 수꽃 가루를 수정시킵니다. 그리고 이것을 땅에 심으면 열매는 열리지만 씨는 생기지 않게 되지요.

우장춘 박사가 최초로 씨 없는 수박을 만든 사람이 아닌 것은 분명한 사실입니다. 그러나 그는 기하라 히토시 박사의 연구에 큰 도움을 주었습니다. 우장춘 박사가 증명한 '종의 합성' 이론을 바탕으로 기하라 히토시 박사가 씨 없는 수박을 만들었기 때문입니다.

그렇다면 왜 우장춘은 씨 없는 수박을 처음 만든 사람으로 알려진 것일까요? 그것은 사람들의 오해에서 비롯된 것이긴 하지만, 어떤 면에서는 우장춘의 전략이기도 했습니다.

우장춘은 당시 육종학에 대해 아무런 지식이 없던 정부의 농업 관계자들과 일반인들에게 하루빨리 씨앗 산업의 중요성을 알릴 필요가 있다고 생각했습니다. 그러기 위해서는 사람들의 눈을 단번에 사로잡을 수 있는 획기적인 것이 필요했습니다. 그것이 바로 씨 없는 수박이었던 것입니다.

우장춘은 당장 씨 없는 수박 시험 재배에 들어갔습니다. 부산 동래에 있는 연구소에서 씨 없는 수박을 만든 것은 1953년 여름이었습니다.

우장춘은 잘 익은 수박 한 통을 들고 와 사람들 앞에서 반으로 쩍 갈랐습니다.

"자, 보시오. 이런 수박을 본 적이 있습니까?"

씨 없는 수박을 직접 눈으로 확인한 사람들은 놀라움으로 입을 다물지 못했습니다.

씨 없는 수박 부산의 우장춘 기념관에 전시되어 있는 씨 없는 수박 모형이다.

"세상에! 수박에 씨가 없잖아?"

"마치 마술을 부린 것 같군."

우장춘은 사람들을 향해 말했습니다.

"여러분, 이 수박을 보십시오. 씨앗이 없지요? 이런 것을 연구하는 학문이 바로 육종학입니다. 육종학은 새로운 품종을 만들어 낼 수 있는 것은 물론 작물의 수확량 또한 늘릴 수 있습니다. 농촌을 발전시키려면 무엇보다 육종학을 발전시켜야 합니다."

이와 같은 우장춘의 작전을 통해 사람들은 비로소 육종학이라는 학문에 대해 관심을 가지게 되었습니다. 그러나 그가 만들어 낸 씨 없는 수박은 육종학을 알리는 데 그쳤을 뿐 상품으로 재배되지는 않았습니다. 씨가 있는 보통 수박보다 맛도 떨어지고 수확량도 적었기 때문입니다. 하지만 이런 우장춘의 작전 덕분에 사람들은 육종학이 얼마나 많은 가능성을 지닌 학문인지 알게 되었습니다.

　2005년 10월, 충청북도 진천군 농업기술센터에서는 기하라 히토시나 우장춘과는 전혀 다른 방법으로 씨 없는 수박을 부활시켰습니다. 그들은 '약한 엑스(X)-선'을 이용해 수박 수꽃의 생식 세포를 무력화하는 방법을 사용했습니다. '약한 엑스(X)-선'을 수박의 수꽃에 90분 정도 쪼이면 열매는 생기지만 씨앗은 없는 상태로 변합니다. 이것을 암꽃과 수정시키면 씨 없는 수박이 만들어지는 것입니다.

생식 세포 생물이 자기의 후손을 만드는 일에 관계하는 세포. 수컷의 정세포와 암컷의 난세포 또는 꽃가루를 말함.

　이는 우장춘 박사가 한국 땅에 육종학을 알리기 위해 씨 없는 수박을 만든 지 50여 년이 지난 뒤, 그의 후배 격인 진천군 농업기술센터 연구원들이 일궈 낸 또 하나의 쾌거라 할 수 있습니다.

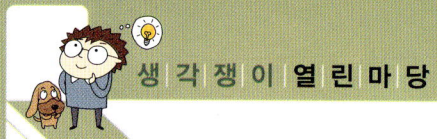

발명과 개발

　1840년대 말에 영국의 발명가인 조지 케일리가 글라이더를 제작했다. 그리고 1890년대에 독일의 기술자인 오토 릴리엔탈은 행글라이더와 유사한 비행기를 타고 하늘을 날았다. 이것이 조종사가 항공기에 타고 하늘을 난 최초의 비행이었다.

　곧이어 많은 비행사 지망생이 초기에는 증기 기관으로, 뒤에는 가솔린 엔진으로 움직이는 비행 기계를 타고 비행을 시도했다. 그러나 20세기 초가 되어서야 비로소 미국의 라이트 형제가 세계 최초로 성공적인 비행을 했다.

　라이트 형제는 1903년 12월 17일에 미국 노스캐롤라이나 주의 키티호크에서 세계 최초로 동력 기관을 사용한 조종 비행을 했다. 비록 비행 시간은 12초에 불과했지만, 그로부터 비행기의 시대가 시작된 것이다.

　비행기는 날개가 있으며, 동력 장치로 움직이는 항공기다. 항공기란 헬리콥터, 글라이더, 행글라이더, 비행기 등을 포함한 하늘을 나는 모든 기계를 가리키는 말이다. 대부분의 제트 여객기와 전투기는 빨리 그리고 높이

날 수 있는 제트 엔진을 장착하고 있다. 그러나 제트기는 값이 비싸고 연료가 많이 든다. 그래서 소형 비행기는 초기의 비행기처럼 프로펠러를 사용한다.

조지 케일리가 발명한 글라이더에서 라이트 형제의 비행기, 그리고 현재의 각종 항공기가 만들어지기까지 우리는 이 모든 발명품이 하나의 연결 고리로 이어져 있음을 알 수 있다.

과학자는 끊임없는 연구를 통해 전에 없던 것을 발명해 내기도 하지만,

이미 만들어진 것을 응용해 발전시키기도 한다.

하늘을 날고자 하는 인간의 욕망은 비행선과 기구를 만들어 냈으며, 비행기는 물론 우주 왕복선까지 만들어 냈다. 이는 수많은 과학자가 각자 자신의 분야를 더욱 발전시키기 위해 노력한 결과라고 할 수 있다.

씨 없는 수박을 최초로 만든 사람은 일본의 농학자 기하라 히토시 박사지만, 우장춘 박사가 1935년 실험적으로 증명한 '종의 합성' 이론 없이는 불가능한 일이었을 것이다. 이 이론을 바탕으로 씨 없는 수박이 만들어졌기 때문이다.

우리가 여기서 주목할 것은 우장춘 박사가 1953년 생산한 씨 없는 수박이 일반 소비자들에게 외면을 받았다는 점이다. 씨 없는 수박은 씨가 없어 먹기에는 편리했지만, 씨가 있는 수박에 비해 맛이 크게 떨어졌다. 만약 이 수박이 맛까지 좋았다면 진천군 농업기술센터에서 씨 없는 수박을 개발하기 위해 힘을 쏟지는 않았을 것이다.

이처럼 발명과 개발은 상관관계에 있다. 그러므로 과학자들에겐 새로운 것이 발명되었다고 해서 그 연구가 끝난 것은 아니다.

하늘을 날고 싶은 인간의 의지가 글라이더에서 출발해 항공기와 우주 왕복선으로 발전했듯이, 과학자는 이미 실용화된 발명품을 계속 발전시키기 위해 각고의 노력을 기울이고 있는 것이다.

길가의 민들레는
밟혀도 핀다

아버지는 조선 사람, 어머니는 일본 사람

우장춘의 아버지 우범선은 조선의 군인이었습니다. 그는 조선 최초의 신식 군대인 별기군이 만들어질 당시 선발된 군인 중 한 사람이었습니다.

당시 조선은 어려운 상황에 처해 있었습니다. 러시아와 중국, 일본이 서로 조선을 차지하기 위해 싸우고 있었기 때문입니다. 조선의 황비인 명성 황후는 러시아와 손을 잡고 일본을 견제하려고 했습니다. 이 때문에 일본은 자신들에게 방해가 되는 명성 황후를 제거하기로 했습니다.

마침내 운명의 날이 다가왔습니다. 일본 자객들이 명성 황후를 해치기 위해 경복궁으로 숨어들었습니다. 결국 명성 황후는 일본 사람들의 손에 끔찍하게 죽음을 당하고 말았습니다. 그런데 바로 그 자리에 우장춘의 아버지, 우범선이 있었습니다.

별기군 조선 후기인 고종 18년(1881년)에 조직한 군대. 일본 교관을 채용해 이전보다 발전된 군사 훈련을 시켰음.
자객 사람을 몰래 암살하는 일을 전문으로 하는 사람.
시해 부모나 임금 등을 죽이는 것.
망명 혁명 또는 그 밖의 정치적인 이유로 자기 나라에 있는 것이 위험해진 사람이 이를 피하기 위해 외국으로 도망함.

그가 명성 황후 시해* 사건에 직접 가담했는지는 확실하지 않습니다. 다만 별기군이던 우범선이 그 자리에 있었던 것만은 분명합니다. 정확한 사실은 알 수 없지만, 사람들은 사건이 일어난 그 자리에 있었다는 이유로 우범선에게 손가락질을 했습니다.

조선에서 더 이상 살 수 없던 우범선은 어쩔 수 없이 일본으로 망명*을 하게 됩니다. 그리고 그곳에서 사카이 나카라는 여인과 결혼을 하고, 둘 사이에서 태어난 아이가 바로 우장춘이었던 것입니다.

넉넉지 않은 살림이지만 우장춘의 가족은 행복한 나날을 보내게 됩니다. 그러던 어느 날, 우장춘의 가족에게 먹구름이 드리워졌습니다. 아버지 우범선이 조선에서 건너온 자객에게 그만 목숨을 잃고 만 것입니다.

그 자객은 바로 고영근이라는 사람이었습니다. 고영근은 경상좌도 병마절도사와 중추원 의관 등을 지내며 명성 황후의 총애를 받았

독립 협회 1896년에 서재필, 이상재, 윤치호 등이 독립을 위해 조직한 단체. '독립신문'을 발간하고 독립문을 세우는 등의 활동을 함.

고, 나중에는 독립 협회와 만민 공동회에서 활동하며 활발한 민족 운동을 벌인 사람입니다.

그는 명성 황후를 시해하는 데 가담한 우범선을 죽이기 위해 치밀하게 준비했습니다. 그리고 술자리에서 우범선이 방심한 틈을 타 우범선의 머리를 내리쳤습니다. 우범선은 그대로 쓰러져 죽고 말았습니다. 그때 우장춘은 겨우 여섯 살이었습니다.

하루아침에 아버지를 잃은 우장춘은 홀어머니 밑에서 자랄 수밖에 없었습니다. 살림은 더욱 어려워졌습니다. 어머니는 하는 수 없이 우장춘을 도쿄의 희운사라는 절에 딸린 고아원에 맡겼습니다.

1년 뒤, 어머니는 벅차오르는 가슴을 진정시키며 우장춘이 있는 고아원으로 향했습니다.

'이제 드디어 우리 세 식구가 함께 살게 되었구나!'

어머니는 환하게 미소를 지으며, 남편이 죽을 당시 배 속에 있던 작은아들의 머리를 가만히 쓰다듬었습니다.

그러나 고아원으로 들어선 어머니는 깜짝 놀랐습니다. 통통하던 우장춘의 얼굴은 광대뼈가 그대로 드러나 있고, 팔다리는 앙상한 뼈만 남아 있었기 때문입니다. 우장춘은 심각한 영양실조에 걸려 있었습니다.

"오, 세상에! 흑흑……."

어머니는 눈물을 흘리며 우장춘을 껴안았습니다. 우장춘을 데리고 집으로 돌아오는 내내 어머니는 눈물을 흘렸습니다. 우장춘은 힘없이 걷다가 자주 멈춰 서곤 했습니다.

"얘야, 이 못난 어미를 용서해 다오."

어머니는 우장춘을 들어 안았습니다. 세 식구가 집으로 돌아오는 길은 멀기만 했습니다.

길가에 핀 민들레처럼

우장춘을 고아원에서 데려온 뒤, 어머니는 밤낮을 가리지 않고 일했습니다. 하지만 집안 형편은 조금도 나아지지 않았습니다. 하루아침에 가장이 된 어머니는 혼자 꾸려 나가는 살림이 버겁기만 했습니다. 그래도 자식들에게 단 한 번도 힘든 내색을 하지 않았습니다. 오히려 더 꿋꿋하고 강한 모습을 보였습니다.

우장춘은 그런 어머니를 지켜보며 스스로 인내하고 일어서는 법을 배웠습니다. 아무리 슬퍼도 잘 참아 내는 것이 어머니를 기쁘게 해 드리는 방법이라는 걸 깨달았기 때문입니다.

고아원에서 집으로 돌아온 뒤 우장춘에게 많은 변화가 생겼습니다. 그 중 가장 큰 변화는 학교에 다니게 되었다는 것입니다. 그러나 학교생활은 행복하지 않았습니다. 친구들에게 늘 놀림을 당했기 때문입니다. 조선 사람이라는 것이 그 이유였습니다. 처음엔 못 들은 척 친구들의 놀림에 대꾸를 하지 않았지만, 그럴수록 아이들의 놀림은 더욱 심해졌습니다.

"얘들아! 어디서 이상한 냄새가 나는 것 같지 않니?"

"그러게. 어디서 나는 걸까?"

아이들은 우장춘의 주위를 맴돌며 얼굴을 찡그렸습니다.

"여기다, 여기! 우리 반에 지저분한 조선 사람이 있잖아!"

아이들은 깔깔거리며 우장춘을 놀려 댔습니다. 그럴 때마다 우장춘은 얼굴이 빨개져 아무 말도 하지 못했습니다. 우장춘은 참다못해 학교가 끝나기도 전에 울면서 집으로 돌아왔습니다.

"엄마, 학교에 가기 싫어요. 왜 저는 조선 사람인가요? 제가 다른 아이들처럼 일본 사람이었다면 놀림을 당하지 않았을 텐데요."

"장춘아, 조선 사람이라는 게 부끄럽니? 나는 그런 생각을 하는 네가 부끄럽구나."

어머니는 황급히 고개를 돌렸습니다. 그러나 어머니의 눈에는 눈물이 맺혀 있었습니다. 어머니의 눈물을 본 우장춘은 울음을 그칠 수밖에 없었습니다. 다시는 울지 않겠다고 마음먹었습니다.

"나를 따라오렴."

어머니는 갑자기 우장춘을 데리고 밖으로 나갔습니다.

어머니와 아들은 손을 잡은 채 무작정 걸었습니다. 한참을 걷다 어머니는 문득 멈춰 섰습니다.

"너, 이게 무슨 꽃인 줄 아니?"

어머니가 가리키는 곳에는 노란 꽃 한 송이가 피어 있었습니다. 우장춘도 자주 본 꽃이었습니다.

"이 꽃 이름은 민들레란다. 아무 데서나 잘 자라는 꽃이지. 그뿐인 줄 아니? 사람들이 마구 밟고 다녀도 봄이 오면 어김없이 예쁜 꽃을 피운단다. 자! 보아라. 이렇게 약해 보이는 한 송이 꽃도 어려움을 이기고 일어서잖니."

어머니의 말에 우장춘은 그동안 나약하기만 했던 자신이 몹시 부끄러워졌습니다. 그리고 무언가 뜨거운 것이 불끈 솟아오르는 것 같았습니다.

"힘들 때면 이 민들레를 떠올리렴. 바위틈에도 뿌리를 내리고, 어떤 역경 속에서도 꼿꼿이 일어서는 이 민들레를 말이야."

우장춘은 어머니의 손을 꼭 잡았습니다. 어둑어둑 해가 지기 시작하는 하늘에는 붉디붉은 노을이 번져 가고 있었습니다. 우장춘의 어두운 마음에 따뜻하게 번져 가는 어머니 말씀처럼 말입니다.

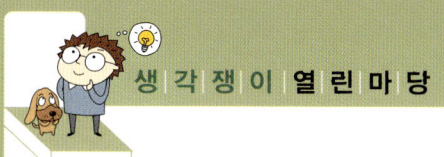
생각쟁이 열린마당

아버지 우범선과 을미사변

　조선 고종 32년(1895년)에 일본의 자객들이 경복궁을 습격하여 명성 황후를 죽인 사건을 을미사변이라고 한다. 일본 공사 미우라 등이 친러파 세력을 제거하기 위해 일으킨 것이다.

　10월 8일 새벽, 미우라는 훈련대 장병 및 일본 자객들을 앞세우고 경복궁으로 쳐들어가 호위병을 죽이고, 궁내부 대신 이경직과 연대장 홍계훈을 살해했다. 그리고 마침내 옥호루까지 쳐들어가 명성 황후를 살해한 뒤, 시신에 석유를 뿌려 불사른 다음 뒷산에 묻었다. 이들은 이어 고종 황제에게 친러파 내각을 물러가게 하고, 유길준 등 친일파를 중심으로 제4차 김홍집 내각을 수립했다.

　이 사건은 국제 사회에서도 많은 물의를 일으켜 미우라와 그 일당이 소환되어 히로시마 지방 재판소의 예심에 회부되기도 했다. 하지만 결국 증거 불충분으로 전원 석방되고 말았다.

　그런데 우장춘의 아버지 우범선도 을미사변과 무관하지 않았다. 명성 황

후 시해 장소에 함께 있었던 것이다.

  1881년 조선에 처음으로 신식 군대가 만들어졌다. 양반의 자제 중에서 100명을 뽑아 훈련을 시켰는데, 이들을 일러 '별기군'이라 했다. 또는 녹색 군복을 입고 있다 해서 '녹색 부대'라 부르기도 했는데, 우범선은 이 부대의 대대장이었다.

  일본 사람들은 자신들의 흉계를 위장하기 위해 조선의 녹색 부대를 경복궁으로 출동시켰다. 마치 조선 군대가 반란을 일으킨 것처럼 보이려는 수작이었다. 그래서 녹색 부대 대대장이던 우범선도 그 자리에 있었던 것이다.

　우범선이 단순히 녹색 부대 일원으로 그곳에 있었는지, 아니면 사건에 직접 가담했는지는 아직까지 정확히 밝혀지지 않았다. 하지만 그날 그 자리에 있었다는 사실이 알려지면서 우범선은 일본 사람의 앞잡이로 낙인찍히게 되고, 급기야 일본으로 망명하기에 이르렀다.

　그리고 그곳에서 사카이 나카라는 여인과 결혼해 우장춘을 낳았다. 그러나 우범선은 1903년 조선에서 건너온 고영근이란 사람에게 죽음을 당하게 되었다.

　어머니에게서 아버지 우범선은 조선의 애국지사였다고 듣고 자란 우장춘은 뒷날 아버지에 관한 비밀을 알게 되면서 큰 충격에 휩싸였다. 그러나 우장춘은 자신에게 불어 닥친 역사의 소용돌이를 잘 극복하고, 아버지의 나라 조선의 아들임을 가슴에 새겼다.

　겨우 여섯 살에 아버지를 잃은 우장춘은 절에 딸린 고아원에 보내지기도 하고, 조선 사람이라는 이유로 아이들의 따돌림을 받는 등 많은 어려움을 겪어야 했다. 역사의 소용돌이에 휘말려 한 가정과 개인이 큰 불행에 휩싸이게 된 것이다. 이는 우장춘 한 개인의 불행이기에 앞서, 힘없는 나라의 백성이 겪어야 하는 슬픔이며 불행이기도 했다.

관동 대지진이 휩쓸고 간 자리

1911년, 우장춘은 구레 중학교에 입학했습니다. 구레 중학교 가까운 곳에는 해군 사관학교가 있었습니다. 해군 사관학교는 어린 학생들이라면 누구나 들어가고 싶어 하는 학교였습니다. 우장춘 또래의 학생들은 대부분 해군 사관학교에 들어가거나 해군 장교가 되는 것을 가장 영광스러운 일이라고 생각했기 때문입니다.

그러나 우장춘은 친구들과는 달리 해군 사관학교에는 별다른 관심이 없었습니다. 전쟁터에 나가서 칼을 휘두르고 총을 쏘는 군인보다는 공과 대학에 진학해 연구를 하는 공학도가 되고 싶었던 것입니다.

그런데 졸업할 무렵, 그동안 학비를 지원해 주던 총독부에서 우장춘에게 도쿄 제국 대학 농학부 실과에 진학할 것을 권했습니다. 구레 중학교를 졸업한 우장춘은 어쩔 수 없이 도쿄 제국 대학 농학부 실과에 진학했습니다. 그곳은 농업과 임업 기술자를 길러 내는 것을 목적으로 하는 학교였습니다.

학교에 들어가자마자 우장춘은 학교에 딸린 농장에서 실습을 시작했습니다. 그는 우선 삽질부터 배웠습니다. 한 번도 험한 노동을 해 본 적이 없는 우장춘에게 무거운 삽을 들고 단단한 땅을 파는 것은 쉬운 일이 아니었습니다. 늘 책상 앞에 앉아 공부만 하던 그의 부드러운 손에 금방 물집이 잡혔습니다.

고된 나날을 보내던 우장춘은 한 친구에게서 놀라운 소식을 듣게 됩니다. 유학생들이 모여 조선의 독립을 선언한다는 것이었습니다. 비록 일본에서 태어나긴 했지만, 우장춘은 아버지 나라에 대한 뜨거운 애정이 있었습니다.

그는 자신이 어떤 선택을 해야 할지 심각한 고민에 빠졌습니다. 그러나 당분간 한 발짝 물러서서 생각하기로 했습니다. 책임져야 할 가족과 해야 할 일이 너무 많았기 때문입니다.

1919년 2월 8일, 드디어 도쿄에서 조선 유학생들의 독립 선언이 있었습니다. 그리고 한 달여 뒤인 3월 1일, 조선의 지식인과 종교계 대표 33인이 탑골공원에 모여 조선의 독립을 선언했습니다. 그것이 발단이 되어 조선에서는 전국적으로 독립 운동의 물결이 일었습니다. 그 때문에 일본 사회는 몹시 뒤숭숭했습니다.

1919년 8월 9일, 일본 농림성의 농사 시험장에 들어간 우장춘은 농장에서 열심히 연구에 몰두했습니다. 그곳에서 그는 나팔꽃에 대한 연구를 시작했습니다. 나팔꽃의 돌연변이*가 어떻게 해서 나타나는지, 그것을 어디에 이용할 수 있는지에 대해 고민했습니다.

돌연변이 부모에게는 없던 새로운 모양과 성질이 유전되는 현상. 유전자나 염색체의 구조에 변화가 생겨서 일어남.

그러던 1923년 어느 날, 엄청난 일이 벌어졌습니다.

관동 대지진 1923년 일본 관동 지방에 발생한 큰 지진으로 도시가 온통 폐허가 되었다.

관동 지방에 어마어마한 지진이 일어난 것입니다.

지진이 휩쓸고 간 도시는 한마디로 아수라장이었습니다. 도로는 갈라지고, 건물들은 폭격을 맞은 듯 차례로 무너졌습니다. 게다가 여기저기서 불길이 치솟는 바람에 많은 사람이 연기에 질식하거나, 건물에 갇혔습니다.

다급해진 사람들은 너도나도 짐을 꾸려 거리로 쏟아져 나왔습니다. 전화가 끊긴 것은 물론 기차와 전차 또한 운행을 포기했습니다. 그뿐만이 아니었습니다. 사람들은 상점들에 불을 지르기도 하고, 함부로 도둑질을 하기도 했습니다.

지진으로 인해 생활이 어려워진 일본 사람들은 그 책임을 죄 없는 조선 사람들에게 돌리기 시작했습니다. 특히 자경단˙이라는 단체는 이유 없이 조선 사람들에게 폭력을 행하고, 서슴없이 죽이기까지 했습니

자경단 지역 주민들이 도난이나 화재 등의 재난에 대비하기 위해 조직한 단체.

다. 이 때문에 수많은 조선 사람이 억울하게 목숨을 잃어야만 했습니다.

우장춘은 이런 일본 사람들의 만행을 모른 척하기가 너무나 괴로웠습니다. 그래서 하루에도 몇 번씩 밖으로 뛰어나가 일본 사람들과 싸우고 싶은 충동을 느꼈습니다.

"어머니! 이대로 앉아 보고 있을 수만은 없어요. 억울하게 목숨을 잃은 조선 사람이 얼마나 많은지 아세요?"

우장춘은 흥분한 목소리로 어머니에게 말했습니다. 그런 우장춘을 어머니가 말렸습니다.

"절대 안 된다. 만약 네가 잘못되기라도 하면 이 어미는 어찌 살란 말이냐. 그러니 제발 집에 얌전히 있도록 해라."

"그렇지만……."

우장춘은 더 이상 고집을 피울 수 없었습니다. 아버지가 돌아가신 뒤 우장춘 형제만을 바라보며 평생을 살아오신 어머니의 마음을 아프게 할 수 없었던 것입니다.

그 일로 인해 우장춘은 일본에서 조선 사람으로 살아가기가 얼마나 힘든지 다시 한 번 깨달았습니다. 그리고 연구에 더욱 몰두하기로 결심했습니다. 가장 뛰어난 육종학자가 되는 것만이 일본 사람들을 이길 수 있는 길이라 생각했기 때문입니다.

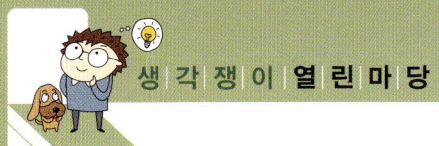

나라 잃은 백성의 슬픔

　1910년 일제가 한일 병합 조약에 따라 우리나라의 통치권을 빼앗고 식민지로 삼은 뒤, 우리는 35년간 일본의 지배를 받아야만 했다.
　한일 병합 이후 일본의 부당한 침략에 항거하는 의병과 열사들이 각지에서 일어나 독립 운동에 나서자, 총독부는 군대나 경찰 등 무력으로 행하는 무단 정치를 통해 우리 민족을 더욱 가혹하게 탄압하기 시작했다. 한편으로는 고유문화를 말살하고 철저한 경제적 지배 등을 통해 우리 민족이 다시 일어날 기회를 없애려고 했다.
　그러다 제1차 세계 대전이 연합국 승리로 확정되자, 미국 대통령 윌슨은 강화 조약의 기본 조건으로 14개 조항을 발표했다. 그 중에 각 민족의 운명은 그 민족 스스로가 결정한다는 이른바 민족 자결주의가 있었다. 이것은 세계 피압박 민족에게 큰 충격을 주었는데, 우리 민족도 이에 자극을 받아 독립을 바라는 기운이 갈수록 높아졌다. 그리하여 비교적 일본의 손이 미치지 않는 중국, 미국 등지의 외국에서부터 조직적인 운동이 전개되기 시작했다.

　1919년 1월 고종이 별안간 세상을 뜨자, 일본 사람들이 독살했다는 소문이 퍼지면서 일본에 대한 온 국민의 분노가 더욱 거세졌다. 1919년 일본 도쿄에서 유학생

들의 독립 선언이 있은 뒤, 이에 자극을 받아 3월 1일 조선의 지식인과 종교계 대표 33인이 탑골공원에 모여 조선 독립을 선언한 3·1 운동이 일어났다.

1923년 관동 대지진의 책임을 물어 조선 사람에게 불어 닥친 대참사는 이러한 역사적 배경과 무관하지 않았다. 1919년 3월 1일 조선에서 불붙기 시작한 독립 운동은 만주, 시베리아, 일본 등지로까지 번져 갔고, 이에 일본 사람은 늘 조선 사람을 경계하며 불안해했다. 이런 심리가 화재와 폭동의 책임을 조선 사람에게 덮어씌우게 만든 것이다.

이 사건으로 조선 사람 6000여 명이 억울하게 목숨을 잃었고, 우리는 나라 잃은 백성의 슬픔을 뼈저리게 실감해야만 했다.

일제로부터 나라를 되찾은 지 60년이 넘었지만, 일제의 횡포와 만행에 대한 피해 보상은 아직까지 이루어지지 않은 상태다. 생체 실험 대상으로 죽어 간 수많은 조선의 독립군, 태평양 전쟁에 강제 징병되어 희생된 조선의 청년들, 종군 위안부로 정조를 유린당한 조선의 여인들……. 이들은 가슴에 남아 있는 상처를 치유하지 못한 채 눈을 감았거나, 여전히 치욕의 세월을 고통스럽게 살아가고 있다.

사랑이라는 이름으로 맺어진 부부

우장춘은 퇴근한 뒤에도 편히 쉬지 못했습니다. 간단히 저녁 식사를 하고 난 뒤에는 곧바로 옆집으로 건너갔습니다. 옆집 아이의 공부를 도와주는 대가로 약간의 돈을 벌 수 있었기 때문입니다.

그러나 아이는 공부에 집중하지 않고 우장춘이 진행하는 나팔꽃 연구에 대해 이야기해 달라고 조르곤 했습니다.

"선생님, 곧 방학이에요. 그럼 공부도 쉬어야 하는 거 아닌가요?"

"방학이라고 공부를 하지 않아도 된다는 거니? 우리 머리는 계속 사용하지 않으면 녹이 슬게 마련이지."

"아, 그래도 공부는 정말 하기 싫어요. 참, 그리고 방학이 되면 이모가 올 텐데, 이모랑 놀러 다녀야 한단 말이에요."

아이는 틈만 나면 공부가 하기 싫다며 투덜거렸습니다. 그럴 때마다 우장춘은 아이에게 꽃에 관한 재미난 전설을 들려주곤 했습니다. 꽃은 우장춘의 전공 분야였기에 그의 입에서는 수많은 꽃 이름이 계속 쏟아져 나왔습니다. 아이는 눈을 반짝이며 우장춘이 들려주는 이야기에 귀를 기울였습니다.

드디어 아이가 기다리던 여름 방학이 되었습니다.

"고하루 이모예요. 방학 때면 저희 집에 와서 지내세요."

아이는 이모를 팔꿈치로 툭 치며 눈을 찡긋했습니다.

가난한 농부의 딸로 태어난 고하루는 사범학교를 졸업한 뒤 나가오카에서 교사로 일했습니다. 고하루가 온 다음부터 우장춘은 아이를 가르치기 위해 옆집으로 가는 일이 점점 더 즐거워졌습니다. 고하루 또한 착하고 의젓한 우장춘에게 끌렸습니다. 둘은 어느새 사랑하는 연인 사이가 되었습니다.

"결혼을 하려면 부모님한테 허락을 받아야 해요. 기다려 주실 거지요?"

우장춘은 조용히 고개를 끄떡였습니다. 그는 고하루를 사랑하게 되면서 말로 표현할 수 없는 큰 기쁨을 맛보았습니다. 세상 모든 것이 따뜻하고 아름답게만 보였습니다. 그러나 그의 행복은 오래가지 못했습니다.

"뭐? 조선 사람이라고? 절대 안 된다. 지금 당장 헤어지렴."

고하루의 부모는 우장춘이 조선 사람이라는 이유로 둘의 결혼을 반대했습니다. 만일 두 사람이 결혼하게 되면 두 번 다시 고하루를 보지 않겠다는 말까지 했습니다.

이 소식을 전해 들은 우장춘의 어머니도 불쾌한 표정으로 말했습니다.

"사람 됨됨이는 보지 않고 엉뚱한 트집만 잡다니, 나도 그런 결혼이라면 허락하고 싶지 않다."

우장춘은 하늘이 무너질 듯한 절망감에 빠졌습니다. 더 이상 고하루를 볼 수 없다고 생각하니, 가슴이 터질 것만 같았습니다.

어느 날, 고하루가 우장춘을 찾아왔습니다. 마주 앉은 두 사람은 한동안 서로 바라보기만 했습니다. 고하루의 눈에서도, 우장춘의 눈에서도 뜨거운 눈물이 흘러내렸습니다.

그러나 1924년, 두 사람은 결혼식을 올렸습니다. 사랑의 힘으로 모든 어려움을 극복한 것입니다. 고하루는 집안일을 하느라 하루 종일 바빴습니다. 집안일이 끝난 뒤에는 살림에 보태기 위해 시어머니와 함께 바느질을 해야 했기 때문에 잠시도 쉴 틈이 없었습니다.

고단한 날이면 고하루는 문득 서글퍼졌습니다. 부모 형제와 떨어져 먼 곳으로 우장춘만 믿고 왔는데, 정작 우장춘은 연구에 매달리느라 고하루와 시간을 보낼 여유가 없었기 때문입니다.

그러나 우장춘에게 연구가 어떤 의미인지를 누구보다 잘 알고 있었기에 고하루는 묵묵히 힘든 살림을 꾸려 나갔습니다. 덕분에 시간이 흐를수록 고하루는 집안일에 익숙해져 갔습니다. 살림도 전보다 나아졌습니다. 처음에 고하루에게 냉정하게 대하던 시어머니도 불평 한마디 없이 힘든 생활을 견디는 고하루를 보며 마음을 돌렸습니다. 이런 변화 속에서 우장춘은 마음의 안정을 찾고 연구에만 몰두할 수 있었습니다.

논문은
한 줌 재가 되었지만

나팔꽃을 연구하다

우장춘은 농림성의 농사 시험장에서 차근차근 연구의 기반을 다져 나갔습니다. 그러나 일본의 상황은 여러 가지로 불안하기만 했습니다. 제1차 세계 대전*이 끝난 뒤라 특히 식량난이 심각했습니다.

일본 정부는 해결 방법을 찾기 시작했습니다. 국내의 식량 생산에 주력하는 한편, 농작물의 품종을 개량해 수확량을 늘리는 방법을 찾기로 한 것입니다.

그 방법의 하나로 농림부에서는 사이타마 현의 고노스에 농장을 만들기로 했습니다. 고노스 농장이 완성된 것은 1924년의 일이었습니다. 그리고 우장춘은 고노스 농장으로 가게 되었습니다.

농장을 돌보느라 눈코 뜰 새 없이 바쁜 나날을 보내던 우장춘에게 기쁜 일이 생겼습니다. 딸이 태어난 것입니다. 그토록 원하던 가정을 이루고 아이가 태어나자, 우장춘은 삶의 보람을 느꼈습니다.

우장춘은 쌔근쌔근 잠든 아이를 한참씩 바라보곤 했습니다.

"아가야! 이 아빠가 울타리가 되어 줄게. 무럭무럭 건강하게 자라렴."

얼마 뒤, 우장춘은 고노스 농장 물품 취급 주임으로 승진했습니다. 그만큼 농장에서 책임져야 할 일도 많아졌습니다. 우장춘은 아내와 딸을 데리고 농장에 딸린 관사로 이사를 했습니다. 어머니도 모셔 오고 싶었지만 그럴 수 없었습니다. 어머니는 도쿄 제국 대학 법학과에 다니는 동생을 뒷바라지해야 했기 때문입니다.

몇 달이 지나면서 농장 생활에 어느 정도 익숙해진 우장춘은 농림성에 있을 때부터 관심을 두고 있던 나팔꽃 연구를 본격적으로 시작했습니다. 늦은 밤까지 농장에 남아 연구하는 일이 허다했습니다. 못다 한 연구는 집에 돌아와서 했습니다.

그러던 어느 날 밤, 천둥 번개가 치면서 장대비가 쏟아져 내렸습니

제1차 세계 대전 유럽의 강대국들이 자기 나라의 이익을 위해 서로 동맹을 맺거나 협상하는 과정에서 이해관계의 충돌로 발생한 전쟁. 1914년 오스트리아가 세르비아에 선전 포고를 하면서 시작되어 독일·오스트리아·이탈리아의 삼국 동맹과, 영국·프랑스·러시아의 삼국 협상이 대립하면서 일어났다가 1918년 독일이 항복함으로써 끝남.

다. 우장춘은 묘목˙걱정으로 밤새 뒤척였습니다. 그리고 새벽녘이 되자 묘목을 살피기 위해 부리나케 집을 나섰습니다. 그런데 무슨 일인지 농장이 시끄러웠습니다. 지난밤에 도둑이 들었다는 것이었습니다.

"도둑이 물건들을 훔쳐 가는 동안 너희는 도대체 뭐 한 거야? 숙직˙은 잠만 잔 거야?"

농장의 최고 책임자는 연구원들을 모아 놓고 호통을 쳤습니다. 연구원들은 고개를 숙인 채 아무 말도 하지 못했습니다.

묘목 어느 정도 자라면 옮겨 심는 어린나무.
숙직 관청, 회사, 학교 따위의 직장에서 밤에 잠을 자며 지키는 일. 또는 그런 사람.

"농장을 더욱 철저히 지켜야겠어. 오늘부터 숙직을 더 자주 돌리고 엄하게 감독할 테니, 그리 알도록 해!"

연구원들은 불만스러운 표정을 지었지만, 누구도 감히 나서서 자신의 의견을 말하지 못했습니다. 그때 우장춘이 입을 열었습니다.

"이곳 일이 얼마나 힘든지는 더 잘 알고 계시지 않습니까? 숙직이 잠을 자느라 도둑을 지키지 못했다는 것도 저는 어느 정도 이해가 갑니다. 그런데 숙직을 더 자주 돌린다면 어떻게 되겠습니까? 그리고 비가 억수같이 쏟아지는데 도둑이 들 것이라고는 아무도 생각하지 못했을 것입니다. 도둑이 든 것은 연구원들 잘못이 아닙니다."

우장춘의 말에 최고 책임자는 더 이상 아무 말도 할 수 없었습니다. 그리하여 숙직을 자주 돌리는 일은 없었던 일이 되었습니다.

고노스 농장으로 온 이듬해 우장춘은 나팔꽃에 관한 논문을 세 편이나 발표했습니다. 그리고 학위를 받기 위해 나팔꽃 유전에 관한 논문을 본격적으로 준비했습니다. 도쿄 제국 대학 정규 학과가 아닌 실과를 졸업한 우장춘에겐 학위가 없었으므로, 나팔꽃 연구는 그에게 매우 중요한 의미를 가지고 있었습니다.

나팔꽃을 교배˙하면 꽃의 빛깔이나 잎사귀 모양이 모두 달랐습니다. 우장춘은 잡종이 지닌 유전 물질이 무엇인지, 그 유전 법칙의 비밀을 풀기 위해 연구에 연구를 거듭했습니다. 그는 하루도 빠짐없이 나팔꽃이 어떻게 자라는지 관찰하면서 꼼꼼히 기록했습니다.

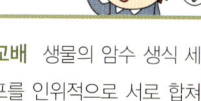

교배 생물의 암수 생식 세포를 인위적으로 서로 합쳐 다음 세대를 얻는 일.

그리고 마침내 논문이 완성되었습니다. 우장춘의 눈에 눈물이 맺혔습니다. 논문을 쓰기 위해 연구에 매달려 온 시간들이 떠올랐습니다.

"드디어 해냈다! 이제 나에게도 학위가 생기는 거야!"

우장춘은 논문과 자료를 연구실 책상 위에 가지런히 정리해 놓고 집으로 돌아왔습니다.

"여보, 드디어 논문이 완성되었소!"

집으로 돌아온 우장춘은 제일 먼저 아내 고하루에게 기쁜 소식을 전했습니다.

"정말이에요? 그동안 당신이 고생한 걸 생각하면……."

고하루는 목이 메어 한동안 말을 잇지 못했습니다.

"나보다 당신이 더 고생했지. 그동안 표현은 못했지만, 당신에게 늘 고마워하고 있어요."

우장춘은 아내의 손을 꼭 잡았습니다. 우장춘의 눈에서도, 고하루의 눈에서도 눈물이 흘러내렸습니다.

"불이야! 불이야!"

그날 밤, 우장춘은 누군가의 고함 소리에 깜짝 놀라 잠에서 깼습니다.

"불이라니? 아니, 어디에 불이 났단 말이야?"

우장춘은 허겁지겁 밖으로 뛰어나갔습니다.

옷도 제대로 챙겨 입지 못한 우장춘의 눈앞에 믿을 수 없는 장면이 펼쳐지고 있었습니다. 불길이 농장 건물 전체를 휘감고 있었던 것입니다. 때마침 불어오는 바람 때문에 불길은 점점 더 거세지고 있었습니다.

그때 불현듯 우장춘의 머릿속을 스쳐 가는 것이 있었습니다. 바로 논문이었습니다.

"아! 내 논문!"

우장춘은 불길에 휩싸인 건물로 정신없이 달려갔습니다.

"실장님!"

연구원들이 달려가 우장춘을 잡았습니다.

"이거 놓아! 내 논문을 가져와야 해!"

"이미 타고 없을 겁니다. 실장님, 제발 진정하세요. 이러다가 큰일 납니다."

우장춘은 그 자리에 털썩 주저앉고 말았습니다. 오랫동안 고생하며 완성한 논문이 한 줌의 재가 되어 버리고 만 것입니다. 너무나 기가 막혀 눈물조차 나오지 않았습니다.

끔찍한 화재 이후 한동안 농장에는 무거운 침묵만이 감돌았습니다. 언제나 아침이면 활기찬 목소리로 연구원들을 격려하던 우장춘은 어두운 표정으로 연구실에만 틀어박혀 있었습니다. 고하루가 위로하려고 애썼지만, 소용이 없었습니다. 우장춘에게 화재가 남긴 상처는 그만큼 컸던 것입니다.

시간이 흐르자 농장은 다시 안정을 찾았습니다. 건물을 새로 짓고 연구 기기들도 다시 들여왔습니다. 연구원들도 힘을 내 열심히 일하기 시작했습니다.

"실장님! 저희를 위해서라도 제발 활기차던 예전 모습으로 돌아와 주세요."

"실장님이 늘 우울한 표정으로 계시니까 저희도 덩달아 힘이 빠져요."

연구원들은 우장춘을 찾아가 말했습니다. 우장춘도 자신 때문에 농장의 분위기가 가라앉아 있다는 것을 알고 있었습니다. 그는 마음을 다잡았습니다.

'그래! 언제까지 이렇게 있을 수는 없지. 힘을 내서 다시 한 번 도전해 보자.'

우장춘은 연구원들을 향해 환하게 웃어 보였습니다. 우장춘의 입가에 실로 오랜만에 미소가 번졌습니다.

환한 햇살이 눈부신 봄, 꽁꽁 얼었던 우장춘의 마음에도 새로운 희망이 싹트고 있었습니다.

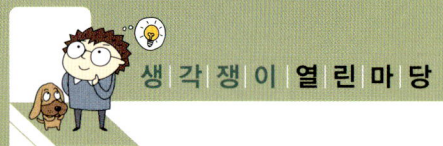

멘델의 법칙

멘델의 법칙이란 오스트리아의 유전학자 멘델이 1865년에 발표한 유전 법칙을 말한다.

멘델은 자신이 실과 교사로 있던 한 수도원 부속 중학교 교정에 완두콩을 심었다. 그리고 무려 7년 동안 잡종에 관한 교배 실험에 몰두했다. 둥근 완두콩과 주름진 완두콩을 교배해 열매를 맺게 하면, 주름진 완두콩 모양은 나타나지 않고 전부 둥근 완두콩이 나게 되는데, 이러한 현상을 우성 유전이라 한다.

멘델은 오랜 기간을 통해 이러한 유전 법칙을 밝혀냈지만, 당시에는 아무에게도 인정을 받지 못했다. 그러다가 뒷날 여러 학자가 재발견해 우열의 법칙, 독립의 법칙, 분리의 법칙 등으로 세분화되어 소개되었다.

우장춘이 들어간 농학부 실과에서는 이론이나 연구보다는 실습과 응용 위주로 가르쳤다. 반복적인 실습을 통해 기술을 익히게 하는 것이 주된 목적이었기 때문이다. 학교에 딸린 농장에서 실습을 하는 동안 우장춘은 이

론보다 더 값진 체험으로 육종학의 기초 지식과 기술을 배울 수 있었다.

　육종학이란 동물이나 식물을 적절히 교배해 그 중에서 우수한 형질을 가진 유전 물질만을 뽑아, 그보다 더 우수한 품종을 만들어 내는 학문이다. 여기서 중요한 역할을 하는 것은 유전 인자다. 유전 인자는 작물의 형질을 좌우하는 것은 물론, 수확량을 많게 하거나 맛을 좋게 하는 것과도 무관하지 않다.

그러므로 육종학을 배우려는 사람은 먼저 유전 법칙에 대해 알아야 한다. 유전이란 어버이가 자식에게 형질(모양과 성질)을 물려주는 것을 말한다. 이것은 유전 인자가 정해졌기 때문이며, 우리가 엄마 아빠를 닮는 것도 바로 이러한 이치에 의한 것이다.

우장춘이 오랜 기간 정성을 쏟은 나팔꽃 연구도 이러한 유전의 법칙과 매우 관계가 깊은 것이었다. 이 연구를 통해 우장춘은 나팔꽃 씨앗들을 교배해 새로운 나팔꽃 품종을 만드는 실험을 했다. 나팔꽃은 번식력이 강해서 잡종을 연구하기에 적당했다. 나팔꽃을 교배하면 꽃의 빛깔이나 줄기의 굵기, 잎의 모양이 모두 달랐다. 이렇듯 잡종을 만들어 내는 유전 물질이 무엇인지 그 법칙을 밝혀내는 것이 그의 연구 과제였다.

우장춘이 멘델의 법칙을 활용해 나팔꽃 연구를 할 수 있었던 것처럼, 과학이란 없는 것을 만들어 내기보다는 이미 있는 것을 더욱 발전시켜 새로운 것을 만들어 내는 학문이라 할 수 있다.

'종의 합성' 연구

화재로 인한 상처를 다독여 가던 우장춘은 곧 새로운 연구를 시작했습니다.

'지난 일은 다 잊어버리자. 내 모든 것을 바쳐 세계를 깜짝 놀라게 할 논문을 쓰자!'

우장춘은 남다른 각오로 연구에 임했습니다. 그리고 그의 곁에는 나가마쓰와 미즈시마라는 든든한 제자가 있었습니다. 두 제자는 각각 우장춘의 오른손과 왼손이 되어 밤낮으로 연구를 도왔습니다.

당시 유채 종잣과의 주임을 맡고 있던 우장춘은 유채 종자 개량에 대한 연구를 진행하고 있었습니다. 일본 유채 씨앗과 서양 유채 씨앗의 장점만을 가진 새로운 씨앗을 만들어 내는 일이었습니다.

> **유채** 십자화과의 두해살이풀. 높이는 1미터 정도이며, 4월에 노란 꽃이 피고 씨는 작고 검은 갈색. 잎과 줄기는 먹고 씨로는 기름을 짬.

그러나 문제는 잡종일 경우, 다음 세대를 생산할 수 있는 능력이 없다는 것이었습니다. 그는 이 문제를 해결하기 위해 연구에 몰두했습니다. 그리고 결국 양쪽의 장점을 가진 것은 물론 생식 능력까지 지닌 잡종 씨앗을 만들어 냈습니다. 그는 그것에 '농림 1호'라는 이름을 붙였습니다.

우장춘은 이를 바탕으로 염색체가 9개인 양배추와 염색체가 10개인 재래종 배추를 교배시켜 염색체가 19개인 새로운 종을 만들어 낼

수 있다는 것을 밝혀냈습니다. 당시만 해도 같은 종끼리만 교배가 가능하다는 것이 학계의 정설이었습니다. 하지만 우장춘은 종은 달라도 같은 속의 식물을 교배하면 전혀 새로운 식물을 만들 수 있음을 입증했습니다. 이것을 '우장춘 트라이앵글'이라고 부릅니다.

1935년 7월, 우장춘은 드디어 박사 학위 논문을 완성했습니다. 우장춘은 논문을 통해 종간 잡종*으로는 수정 능력을 가진 종자를 얻을 수 없다는 고정관념을 바꾸었습니다.

종간 잡종 종(種)이 다른 생물의 암수가 교배하여 나온 잡종.

"자네들이 도와주었기에 가능한 일이었어."

우장춘은 논문을 무사히 마친 공을 제자들에게 돌렸습니다.

"아닙니다, 선생님! 저희는 선생님과 함께 연구할 수 있었던 것만으로도 큰 영광입니다."

우장춘은 빙그레 웃으며 나가마쓰와 미즈시마의 어깨를 두드려 주었습니다.

1936년 5월 4일, 우장춘은 마침내 도쿄 제국 대학에서 농학 박사 학위를 받았습니다.

줄여서 '종의 합성'이라 불리는 이 논문은 그야말로 세계적인 화제를 불러일으켰습니다. 세계 여러 나라의 농학 잡지에 소개된 것은 물론, 이 논문을 바탕으로 다양한 연구가 진행되었습니다.

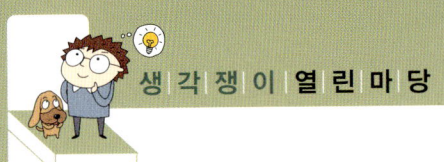

생각쟁이 열린마당

다윈의 진화론을 바꾸다

다윈은 1809년 영국의 부유한 의사 집안에서 태어났다. 의학을 공부하다가 그만두고 신학을 공부했으나, 신학보다는 동물학, 식물학, 광물학, 지질학 등 박물학에 더 많은 관심을 가졌다.

1831년 영국 해군성의 측량선인 비글호에 무보수 박물학자로 승선해 5년 동안 남아메리카, 오스트레일리아, 남아프리카 등지를 답사하면서 미지의 자연을 접하고 정확한 눈으로 많은 사실을 관찰했다.

다윈은 항해 중 당시 새로 출간된 지질학자 라이엘의 《지질학 원론》을 읽고 크게 감명을 받았다. 라이엘은 책에서 지구의 역사는 지식층의 생각과는 달리 아주 오래되었으며, 그동안 여러 번의 지질 시대가 있었고, 그 시대마다 다른 생물이 생겨났다가 없어졌다고 주장했다.

항해를 하면서 다윈은 생물의 여러 종은 원래 신이 창조한 그대로 있는 것이 아니라, 환경에 따라 변화하면서 새로운 품종이 생기고 또 없어지기도 한다는 진화론을 확고하게 믿게 되었다.

특히 갈라파고스 제도에서의 경험은 그에게 결정적인 증거를 제공해 주었다. 적도 근처의 이 섬들은 육지로부터 멀리 떨어져 있으며 섬들 사이의 거리는 아주 가까운데도 불구하고, 이 섬들에는 같은 종의 동물이 조금씩 다른 모습을 가진 여러 변종으로 존재하고 있었다.

오늘날 갈라파고스핀치라 불리는 새를 발견한 그는 새의 부리가 뭉툭한 것에서부터 아주 날카로운 것까지 네 가지가 있는데, 뭉툭한 부리를 가진 핀치는 주로 낟알을 먹고, 날카로운 부리를 가진 핀치는 작은 벌레를 주식으로 먹는다는 사실을 밝혀냈다. 이 네 가지 핀치가 원래는 한 가지 핀치로부터 생겨난 것임을 믿어 의심하지 않았다.

귀국한 다음 다윈은 맬서스의 《인구론》을 읽고 자연계의 생존 경쟁에 착안했으며, 그로부터 적자생존이나 자연선택의 원리를 결론으로 얻었다. 즉 생물은 주어진 환경 속에서 생존 경쟁을 벌이게 마련이고, 거기에 적당한 종류는 살아남고 그렇지 못한 종류는 도태당하고 만다는 것이다.

1859년 다윈은 드디어 《종의 기원》을 출판해 큰 호응을 얻었다. 그의 학설이 구체적인 실례와 직접적인 관찰에서 얻은 성과에 토대를 두었기 때문이다.

다윈의 진화론은 종교적, 사상적, 정치적으로 엄청난 영향을 미쳤으며,

그 영향은 오늘날까지 지속되고 있다.

우장춘은 그루갈이(한 해에 같은 땅에서 두 번 농사짓는 일) 품종을 결정하는 과정에서 그루갈이 작물로 적당한 유채를 연구하게 되었다. 그런데 일본 유채 씨앗이나 미국 유채 씨앗은 저마다 단점이 있었다. 그래서 우장춘은 두 씨앗이 갖고 있는 장점만을 골라 새로운 품종을 만들어 내기로 했다.

그의 목적은 수정이 되는 잡종을 개량하는 것이었다. 우장춘은 먼저 서양 품종에 일본 품종을 섞어 제1잡종을 얻은 뒤, 거기에 다시 서양 품종을 섞어 제2잡종을 만들어 냈다. 수정이 되는 잡종이었다. 이 품종을 '농림 1호'라 이름 짓고 염색체 분석을 해 본 결과, 서양 유채, 양배추, 재래종의 세 꼭지점을 잇는 세포학적 관계를 밝힐 수 있었다.

그는 이러한 연구 결과를 정리해 〈종의 합성〉이라는 논문을 써서 농학 박사 학위를 받게 된다. '종의 합성'을 통해 새로운 품종을 만들어 낼 수 있는 가능성을 제시한 이 논문은, 세계 여러 나라의 농학 관계자에게 큰 충격을 던져 주었다. 그리고 종은 자연선택의 결과로 성립한다는 다윈의 《종의 기원》에 나오는 진화론의 일부 학설을 바꿔 놓기도 했다.

또 다른
비상을 위하여

홑꽃 피튜니아를 겹꽃 피튜니아로

우장춘은 어릴 때부터 꽃을 좋아했습니다. 학교에서 친구들에게 놀림을 당하거나 힘든 일을 겪을 때면 일부러 먼 길을 돌아 집으로 오곤 했습니다. 그 길에는 알록달록한 예쁜 들꽃들이 피어 있었기 때문입니다. 꽃들을 바라보며 한참 걷다 보면 마음속 상처와 분노가 말끔히 사라지곤 했습니다. 우장춘에게 꽃은 오래된 친구와도 같은 존재였습니다.

어느 날, 우장춘에게 꽃과 연관된 좋은 기회가 찾아옵니다. 그것은 바로 서양 사람들이 좋아하는 피튜니아와 관계된 것이었습니다.

피튜니아는 꽃잎이 두 겹으로 되어 있는 겹꽃 피튜니아와 한 겹인

홑꽃 피튜니아 등 두 종류가 있습니다. 당연히 홑꽃 피튜니아보다 꽃송이가 탐스럽고 화려한 겹꽃 피튜니아가 사람들에게 인기가 많았습니다.

그러나 피튜니아 씨앗을 심으면 홑꽃 피튜니아와 겹꽃 피튜니아가 거의 반반씩 자라기 때문에 겹꽃 피튜니아를 찾는 사람들에게 충분한 양을 공급할 수가 없었습니다. 그러므로 겹꽃 피튜니아만 피는 씨앗을 만들어 낼 수만 있다면, 사람들에게 겹꽃 피튜니아를 충분히 공급할 수 있을 뿐만 아니라 경제적인 이익도 많이 얻을 수 있을 것이었습니다.

그러기 위해서는 우선 식물의 유전과 잡종 법칙을 알아야 했습니다. 그는 지난번 화재 때 불탄 나팔꽃에 대한 논문과 자신이 밝혀낸 '종의 합성' 이론을 바탕으로 연구를 진행해 나갔습니다. 그리고 마침내 세계 최초로 겹꽃 피튜니아 씨앗을 만들어 냈습니다.

당시 겹꽃 피튜니아 꽃씨는 무척 비싼 값에 팔려 나갔습니다. 사람들은 모두들 꽃씨를 개발한 우장춘이 큰 부자가 될 것이라고 입을 모았습니다. 그러나 많은 돈을 벌게 된 것은 엉뚱하게도 사카다 종묘 회사˚였습니다.

그러나 우장춘은 그것에 연연하지 않았습니다. 그는 경제적인 이익보다는 자신이 사람들에게 도움이

> 종묘 회사 식물의 씨나 싹, 옮겨심기 위한 식물 등을 취급하는 회사.

될 수 있는 연구를 성공시켰다는 것에 만족했기 때문입니다.

 이처럼 세계적인 논문을 쓰고 여러 가지 뛰어난 연구 업적을 거둔 우장춘이었으나, 그는 좀처럼 승진이 되지 않았습니다. 그가 조선 사람이라는 것이 이유였습니다.

 '내가 아무리 노력한다 해도 조선 사람에 대한 차별은 없어지지 않는구나.'

 우장춘은 무척 우울했습니다. 어렸을 적부터 받던 차별과 설움을 뛰어넘기 위해 그동안 수많은 밤을 지새우며 노력했

지만, 그 시간이 헛되이 느껴지기만 했습니다. 결국 우장춘은 고노스 농장을 떠나기로 마음먹었습니다.

　농장을 떠난 우장춘은 당분간 텃밭을 일구고 독서를 하며 시간을 보내기로 했습니다. 그동안 연구에만 매달리느라 몸도 마음도 많이 지쳐 있었기 때문입니다.

"우장춘 박사님이신가요?"

그러던 어느 날, 양복을 차려입은 점잖은 신사가 찾아왔습니다.

"그렇습니다만, 누구신지요?"

"저는 다키이 종묘 회사의 사장입니다. 얼마 전에 우리 회사에서 농장을 만들었다는 건 알고 계시지요? 마침 농장장 자리가 비어 있는데, 우 박사님처럼 훌륭한 분이 농장장을 맡아 주시면 좋겠습니다."

"예? 글쎄요……."

우장춘은 갑작스러운 제안에 당황했습니다.

"박사님! 부탁 드립니다."

한참 고민을 하던 우장춘은 마침내 입을 열었습니다.

"좋습니다. 그렇게 하겠습니다."

"정말이십니까? 고맙습니다."

이렇게 해서 우장춘은 다키이 농장의 농장장으로 새로운 출발을 하게 되었습니다. 다키이 농장에서는 고마움의 표시로 우장춘의 가족들을 위해 근사한 집을 마련해 주었습니다.

다키이 농장에서의 새 출발

우장춘이 다키이 농장의 농장장으로 일하기로 마음먹은 데에는 중요한 이유가 하나 있었습니다. 다키이 농장에서는 농촌의 젊은이들을 교육하고 있었는데, 그 중에 조선의 청년도 몇 명 있었습니다. 우장춘은 그 청년들 역시 조선 사람이라는 이유로 차별과 설움을 겪고 있을 것이라 생각하니 마음이 아팠습니다. 그래서 힘이 되는 한 그들을 돕고 싶었던 것입니다.

우장춘은 농장 일이 끝나면 시간을 내어 그들을 따로 가르쳤습니다. 조선의 청년들은 자신들이 차별을 넘어 우장춘처럼 세계적으로 인정받는 사람이 될 수 있다는 꿈과 용기를 가지고 공부에 몰두했습니다.

한편, 당시 일본 사회는 몹시 뒤숭숭한 분위기였습니다. 우장춘이 다키이 농장으로 가기 전 일어난 중일 전쟁* 때문이었습니다. 그리고 뒤이어 1941년 12월 8일, 일본이 하와이의 진주만을 공격하면서 태평

> **중일 전쟁** 1937년 일본이 중국을 침략한 전쟁. 1945년에 일본이 미국·영국·프랑스 등으로 구성된 연합국에 항복하면서 끝남.

또 다른 비상을 위하여 **61**

양 전쟁이 시작되었습니다. 일본은 말레이 반도에 상륙한 뒤 홍콩까지 점령했습니다. 연이은 승리 소식에 일본 사람들은 흥분하기 시작했습니다.

"우리 일본 제국이 전 세계를 지배하는 날이 머잖아 올 거야!"

"맞아! 미국도 곧 우리에게 무릎을 꿇을걸."

우장춘은 이런 일본 사람들을 볼 때마다 화가 치밀

태평양 전쟁 1941년부터 1945년까지 일본과, 미국·영국·프랑스 등으로 구성된 연합국 사이에 벌어진 전쟁. 제2차 세계 대전의 일부로, 일본의 진주만 공격으로 시작되어 일본의 무조건 항복으로 끝남.

었습니다.

"일본 사람들은 전쟁 때문에 얼마나 많은 사람이 억울하게 목숨을 잃고 고통을 겪는지 모르고 있나 보군."

그러나 일본 사람들의 기대감도 그리 오래가지 못했습니다. 일본

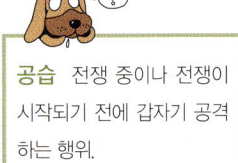

공습 전쟁 중이나 전쟁이 시작되기 전에 갑자기 공격하는 행위.

군이 전쟁에서 패했다는 소식이 전해져 왔기 때문입니다. 자만심에 빠져 있던 일본 사람들은 불안에 떨기 시작했습니다. 언제, 어디서 공습이 시작될지 몰랐기 때문입니다.

1945년 8월 15일, 드디어 운명의 날이 밝았습니다. 라디오에서 일본 왕의 목소리가 흘러나왔습니다. 일본이 연합국에 무조건 항복한다는 내용이었습니다. 그동안 식민지의 설움을 겪어야 했던 조선 사람들은 너도나도 거리로 쏟아져 나와 환호성을 질렀습니다.

한편, 광복 소식이 전해지자 다키이 종묘 회사에는 비상이 걸렸습니다. 조선에 있는 다키이 농장이 어떤 상황에 놓일지 알 수 없었기 때문입니다.

"이 일을 어쩌면 좋습니까? 우선 조선으로 건너가야겠습니다. 농장의 운명이 어찌 될지 모르니, 불안해서……."

안절부절못하는 사장을 바라보며 우장춘은 고민에 빠졌습니다. 아버지의 나라가 광복을 했으니 더 이상 일본에 있을 이유가 없었습니다. 늘 광복이 되면 조선에서 살고 싶다는 생각을 가지고 있던 우장춘이었습니다.

그로부터 한 달 뒤, 자신이 맡은 일을 마무리한 우장춘은 다키이 농장을 그만두었습니다.

태평양 전쟁

1941년 12월 8일 일본은 하와이의 진주만에 머물고 있던 미국 함대에 선전 포고도 하지 않은 채 기습 공격을 했고, 이로써 태평양 전쟁이 일어나게 되었다. 일본은 승리를 거듭해 필리핀, 괌, 홍콩 등지를 차례로 점령하기에 이르렀다.

이에 1943년 11월 미국 대통령 루스벨트, 영국 수상 처칠, 중국 총통 장제스 등이 이집트의 수도 카이로에 모여 회담을 가진 뒤 공동 선언을 발표했다.

5일간의 회담 끝에 발표한 이 선언에서 연합국은 전쟁 이후 최초로 일본에 대한 전략을 공동 토의했으며, 전쟁에서 이긴 뒤에도 연합국은 자국의 영토 확장을 도모하지 않으며 오직 제1차 세계 대전 뒤 일본이 타국으로부터 약탈한 영토를 원래 소속 국가에 돌려줄 것을 결의했다.

특히 우리나라에 대해서는 특별 조항을 넣어 '현재 한국 국민이 노예 상태에 있음을 유의해 적당한 시기에 자주 독립할 것을 결의한다' 라고 명시함으로써 처음으로 우리나라의 독립이 국제적으로 보장받게 되었다.

또한 제2차 세계 대전 종전 직전인 1945년 7월 7일부터 독일의 포츠담에서 연합국 영수 회의가 열림과 동시에 공동 선언이 발표되었다. 전문 13개조로 된 이 선언의 요지는 '일본은 무모한 군국주의자들이 세계 인류와 일본 국민에게 지은 죄를 뉘우치고 각자의 가정으로 돌아가 평화적이고 생산적인 생활을 향유하여 책임 있는 민주 정부를 세우게 될 것을 보장해야 한다' 라는 것이었다. 특히 이 선언의 제8조에서는 카이로 선언에서 결정된 한국의 독립을 재확인했다.

마침내 1945년 4월 미군이 오키나와에 상륙을 감행했고, 5월 도쿄와 요코하마 등지를 폭격했다. 6월엔 오키나와의 일본군이 패배했으며, 8월엔 미군이 일본 히로시마와 나가사키에 원자 폭탄을 떨어뜨렸다.

일본은 결국 포츠담 선언을 수락하고 연합국에 무조건 항복하여 태평양 전쟁은 끝이 났다. 이로써 우리나라는 일본의 식민지에서 벗어나 오랜 숙원이던 광복을 하기에 이르렀다.

50여 년 만에 되찾은 이름

조국으로부터 날아온 편지

　우리나라는 광복 뒤 얼마 지나지 않아 둘로 나뉘었습니다. 북쪽에는 조선민주주의인민공화국이, 남쪽에는 대한민국 정부가 들어섰습니다. 정치적인 의견은 서로 달랐지만 고민은 같았습니다. 그것은 바로 식량 문제였습니다.

　농민들에게는 품질 좋고 수확량도 많은 농산물을 생산할 수 있는 종자가 필요했습니다. 그러나 이런 종자를 확보하기 위해서는 비싼 돈을 주어야만 했습니다. 그 때문에 농민들은 발을 동동 구르며 시간만 보내고 있었습니다.

　정부는 이 문제에 대한 해결책을 찾기 위해 회의를 열었습니다.

누군가 먼저 입을 열었습니다.

"이 난감한 현실을 해결해 줄 만한 사람이 있습니다."

그는 경상남도 농무부장 김종이라는 사람이었습니다.

"그 사람이 누굽니까?"

"여러분도 아실지 모르겠습니다. 바로 우장춘 박사입니다. 세계적으로 능력을 인정받은 분이지요."

"아, 그 우장춘 박사 말입니까?"

"그렇습니다."

김종은 확신에 찬 목소리로 대답했습니다.

그런데 그때, 누군가 큰 소리로 외쳤습니다.

"우장춘? 혹시 우범선의 아들 말입니까?"

순간, 회의장은 술렁거리기 시작했습니다.

"정말입니까? 우범선은 명성 황후 시해 사건에 가담한 사람 아니오? 그 뒤로 우범선이 일본으로 도망갔다던데, 우장춘이 바로 그의 아들이었군요. 그런 사람은 절대 조선으로 불러들일 수 없습니다."

사람들은 너도나도 목소리를 높이기 시작했습니다.

"맞습니다. 나라를 배신한 자의 아들을 불러다 무얼 하겠다는 말입니까?"

"아무리 어렵다고는 하지만, 이건 있을 수 없는 일입니다."

회의장 안은 여기저기서 터져 나오는 불만들로 시끄러웠습니다. 김종은 고민에 빠졌습니다.

　회의는 오랜 시간 계속되었습니다. 그날 회의는 일단 우장춘에게 귀국 의사를 묻는 편지를 보내자는 것으로 결론이 맺어졌습니다.

　김종은 서둘러 우장춘에게 편지를 쓰기 시작했습니다. 그는 한국의 농업과 식량 사정, 뒤떨어진 종묘 기술 등에 대해 적어 내려갔습니다. 김종은 자신이 써 놓은 편지를 읽어 보며 한숨을 내쉬었습니다. 그만큼 한국의 식량 사정이 나빴던 것입니다. 김종은 답답한 마음에 창 밖을 내다보았습니다. 그리고 다시 한 번 이 문제를 해결해

줄 전문가는 단 한 사람, 우장춘 박사밖에 없다고 생각했습니다.

　김종의 편지를 받은 우장춘은 마음이 들떴습니다. 한국 정부에서 자신을 초청했다는 사실이 믿어지지 않았습니다.

　'드디어 조국에서 일하게 되었구나! 열심히 연구해서 짧은 시간 안에 열악한 식량 사정을 완전히 바꿔 놓고 말겠어. 그것만이 나를 불러 준 조국에 보답하는 길일 거야.'

　우장춘의 가슴은 심하게 요동치고 있었습니다. 조선 사람이라는 이유로 온갖 설움을 겪어야 했던 시절이 떠올랐습니다. 그는 '조국'이라는 두 글자만으로도 눈시울이 뜨거워졌습니다.

생각쟁이 열린마당

독립된 조국,
그러나 두 정부

　1945년 12월, 미국·영국·소련의 외상들은 모스크바에서 회의를 열고 패전국인 일본에 관한 문제를 토의하던 중 우리나라의 독립에 대한 구체적 절차를 결정했다. 그 내용은 우리나라에 임시 정부를 수립하고, 5년 동안 미국, 영국, 중국, 소련 등이 신탁 통치를 하겠다는 것이었다.

　이에 대해 국내 여론은 들끓기 시작했고, 민족주의 진영에서는 신탁 통치를 적극적으로 반대하는 운동을 전개해 나갔다. 그러나 좌익 진영에서는 처음에는 반대하다가 곧 태도를 바꾸어 적극 지지하는 방향으로 상황을 몰고 갔다.

　그러자 1946년 1월, 미국과 소련의 주둔군 사령관 대표들이 예비 회담을 열고, 미국과 소련 양측 대표 5명씩 총 10명으로 공동 위원회를 구성할 것과, 위원회의 본부를 서울에 둘 것을 결정했다. 그리고 같은 해 2월, 서울에서 제1차 미·소 공동 위원회가 열렸다.

　그 뒤 회담을 거듭했으나 소련 측은 신탁 통치에 반대하는 정당과 단체

 를 장차 수립될 임시 정부에서 배제할 것을 주장했고, 미국 측은 찬성과 반대를 막론하고 모두 참가시킬 것을 주장해, 결국 합의를 보지 못한 채 회의는 중단되고 말았다.

 다음 해인 1947년 5월, 서울에서 다시 회담이 열렸으나 역시 주장이 엇갈려 합의를 보는 데 실패했다. 결국 미국 정부는 우리나라 문제를 유엔(UN : 국제 연합)에 제기하기로 결정하고, 유엔에서 토의가 끝날 때까지 휴회할 것을 소련 측에 제의했다.

　1948년 1월, 유엔 임시 한국 위원단이 서울에 도착했으나 소련은 자기들의 점령 지역인 38도선 이북으로 위원단이 들어가는 것을 거부했다. 같은 해 2월 유엔 총회는 한국 문제 해결을 위해 가능한 지역에서 총선거를 실시할 것을 결정했으나, 소련은 이를 거절했다.

　유엔은 할 수 없이 이 결의에 따라 1948년 5월 10일 선거가 가능한 38도선 이남 지역에서 총선거를 실시해 198명의 의원을 선출했다. 이로써 제헌 의회가 구성되어 5월 31일 개회했는데, 초대 국회의장에 이승만이 당선되었다. 6월 10일 국회법을 통과시키고, 7월 1일 나라 이름을 대한민국으로 할 것을 가결했다. 7월 20일 국회는 대통령으로 이승만을 선출했고, 8월 15일 조국 해방 기념일에 대한민국이 건국되었다.

　이로써 북쪽에는 조선민주주의인민공화국이, 남쪽에는 대한민국 정부가 들어선 것이다.

　이렇듯 우리나라가 남과 북으로 나뉜 것은 우리의 의지가 아니었다. 당시 유엔은 새로운 나라의 건국을 위해 우리나라에서 총선거를 실시할 것을 결정했으나, 소련은 이를 거절했다. 그로 인해 어쩔 수 없이 각각 반쪽짜리 정부가 들어설 수밖에 없었던 것이다.

조국으로 돌아오는 멀고도 먼 길

얼마 뒤, 우장춘으로부터 답장을 받은 김종은 서둘러 우장춘의 귀국 준비를 시작했습니다. 우선 '우장춘 박사 귀국 추진 위원회'를 만들었습니다. 위원회는 모금 운동을 통해 부산에 우장춘이 연구를 할 수 있는 농장을 마련했습니다.

그러나 그가 조국으로 오는 길은 멀고도 험했습니다. 일본 정부에서 그를 좀처럼 보내 주려고 하지 않았기 때문입니다. 세계적인 육종학자로 이름을 날리고 있는 우장춘을 한국에 빼앗긴다는 것만으로도 일본 정부 입장에서는 큰 손실이었던 것입니다.

이에 우장춘은 큰 결심을 하게 됩니다. 바로 불법 체류*를 하는 외국인들을 수용하는 오무라 수용소에 들어가기로 한 것입니다. 그는 그렇게 하면 좀 더 빨리 한국으로 갈 수 있을 거라고 생각했습니다. 그러나 그곳에서도 우장춘은 벽에 부딪힙니다.

> **불법 체류** 정식 절차를 밟지 않거나, 기한을 어기면서 다른 나라에 머무는 일.

"당신은 일본 사람입니다. 그런데 왜 한국으로 가려고 합니까?"

"나는 일본에서 태어났지만, 한국은 내 아버지의 나라요. 내가 가고 싶다는데 당신들이 막는 이유를 모르겠군요."

우장춘은 자신을 막는 수용소 관리에게 단호하게 말했습니다. 그러나 수용소 관리는 싸늘한 말투로 대꾸했습니다.

50여 년 만에 되찾은 이름 **75**

국교 나라와 나라 사이에 정식으로 맺는 외교 관계.

호적 등본 한 사람의 출생지, 성명, 생년월일 등 신분에 관한 사항을 기록한 공식 문서인 호적을 복사한 것.

"지금은 일본과 한국이 국교를 맺지 않은 상태라 한국으로 가는 절차가 매우 까다롭습니다. 그러니 그 절차가 마무리될 때까지 기다리시오."

일본 정부는 이런저런 핑계를 대면서 우장춘의 출국을 미루었습니다. 이에 우장춘은 한국으로 한 통의 편지를 보냅니다.

'일본 정부에서는 내가 한국에 가는 것을 못마땅하게 생각하는 것 같습니다. 그러니 내가 한국인임을 증명해 줄 서류를 보내 주세요. 한시라도 빨리 한국 땅을 밟고 싶습니다.'

우장춘의 편지를 받은 한국 정부는 급히 우장춘의 호적 등본을 떼어 일본으로 보냈습니다. 일본 정부는 더 이상 우장춘을 잡을 수 없었습니다.

우장춘은 그동안 같이 일한 동료들의 배웅을 받았습니다. 오무라 수용소로 향하는 그의 발걸음은 무척이나 가벼웠습니다. 아내 고하루는 눈물을 훔치며 우장춘의 손을 잡았습니다.

"여보, 연구도 좋지만 부디 건강하셔야 해요."

우장춘은 애써 눈물을 참으며 돌아섰습니다. 그리고 입술을 꽉 깨물고 수용소를 향해 빠르게 걸어갔습니다. 고하루는 우장춘이 수용소 안으로 사라진 다음에도 계속 눈물을 흘렸습니다.

"자, 이제 나를 한국으로 보내 주시오."

"또 오셨습니까? 제가 안 된다고 했을 텐데요."

수용소 관리는 귀찮다는 듯 얼굴을 찡그리며 말했습니다.

우장춘은 안주머니에서 호적 등본을 꺼내 수용소 관리에게 내밀었습니다. 수용소 관리도 이제는 어쩔 수 없었습니다. 결국 우장춘 박사는 한국으로 향하는 배에 오를 수 있었습니다.

오무라 수용소

1949년 어느 날, 50대 초반의 중년 신사와 오무라 수용소 직원 사이에 실랑이가 벌어지고 있었다. 한국 사람이니 오무라 수용소에 들어가겠다고 우기는 남자와, 한국 사람임을 증명할 수 있느냐며 이를 막는 직원이 벌이는 소란이었다.

오무라 수용소는 나라에서 정한 절차를 밟지 않고 몰래 국경을 넘어온 사람과 법을 어긴 외국 사람을 강제로 돌려보내기 위해 임시로 만든 곳이었다. 이들은 대부분 돈벌이를 위해 불법으로 일본에 들어온 사람들이었다. 그렇기 때문에 이리저리 숨어 다니다 일본 경찰에 붙잡혀 강제로 오는 경우는 있어도, 이 남자처럼 스스로 찾아오는 사람은 거의 없었다.

그러나 수용소 직원은 호적 등본까지 준비해 와 한국 사람임을 주장하는 이 중년 남자를 돌려보낼 방법이 없었다. 이 중년 남자는 바로 우장춘이었다.

일본에서 조선 사람이라는 이유 때문에 겪어야 하는 슬픔과 차별을 극복하고 세계적인 육종학자로 성장한 우장춘은 광복이 되자 귀국을 서둘렀다.

광복 직후인 1945년 9월, 다키이 종묘 회사의 농장 책임자 자리와 교토 대학 교수 직을 그만두었지만 일본 정부는 '쓰시마 섬은 내줄 수 있어도 우장춘은 내줄 수 없다' 면서 우장춘의 귀국을 말렸다. 일본 정부가 끝내 귀국을 허락하지 않자, 우장춘은 오랜 고민 끝에 합법적인 귀국 방법인 오무라 수용소 행을 생각해 냈던 것이다.

갑작스레 해방을 맞은 한국은 육종학 연구가 전혀 이루어지지 않은 상태였다. 그래서 독립을 한 뒤에도 씨앗을 일본에서 수입해야만 했다. 게다가 식량 부족이라는 절박한 상황에 놓여 있었다. 이 모든 문제를 해결하기 위해서는 세계적인 육종학자 우장춘 박사가 절실히 필요했던 것이다.

아내와 어머니, 여섯 자녀를 남겨 두고 오무라 수용소에 들어간 우장춘은 1950년 3월 마침내 부산으로 오는 강제 송환선을 탔다.

조국이 간절히 원하는 우장춘, 그 조국에 열정을 바치다 끝내 뼈를 묻고자 했던 우장춘의 바람과 의지를, 오무라 수용소는 물론 일본 정부도 더 이상 막을 수 없었던 것이다.

나의 조국, 대한민국

한국농업과학연구소 소장 우장춘

우장춘이 탄 배는 거센 물결을 가르며 부산으로 향하고 있었습니다. 우장춘은 가슴이 벅차올랐습니다.

'드디어 한국으로 가는구나. 내 아버지의 나라, 한국으로 말이야.'

우장춘이 탄 배가 부산항에 도착한 것은 1950년 3월 8일이었습니다. 우장춘은 갑판으로 나와 숨을 크게 들이마셨습니다.

'아, 꿈에도 그리던 한국이구나.'

우장춘은 감격하며 배에서 내렸습니다. 그러자 '우장춘 박사 환영'이라고 쓰여 있는 플래카드가 눈에 띄었습니다. 그는 자신을 마중 나온 사람들 쪽으로 걸어갔습니다. 한 남자가 우장춘에게 다가왔습니다. 바로 김종이었습니다.

"박사님, 어서 오십시오! 반갑습니다."

"반갑소."

우장춘은 미소를 지으며 악수를 했습니다.

"며칠 뒤 환영식이 있을 예정입니다."

김종의 말에 우장춘은 빙그레 웃으며 말했습니다.

"혹시 그날 입을 한복 한 벌 구할 수 있을까요?"

"예?"

김종은 의외의 부탁에 깜짝 놀랐습니다.

"하하, 뭘 그리 놀라십니까? 내가 한국 사람이라는 것을 모두에게 알리고 싶어서입니다."

김종은 그제야 고개를 끄덕였습니다.

드디어 환영식 날, 우장춘은 한복에 옥빛이 도는 두루마기를 점잖게 차려입은 모습으로 단상에 올랐습니다.

"여러분! 나는 지금까지 일본에서 생활했습니다. 어렸을 적부터 일본 사람이 아니라는 것 때문에 큰 설움을 겪어야 했습니다. 나는 늘 아버지의 나라를 그리워했습니다. 내게 남은 꿈이 있다면, 아버지의 나라를 위해 내가 할 수 있는 모든 것을 하는 것입니다."

사람들은 우장춘에게 열렬한 박수를 보냈습니다.

1950년 5월 10일, 우장춘은 한국농업과학연구소 소장으로 임명되었습니다. 연구원들은 우장춘 박사와 함께 일할 수 있다는 사실만으로도 꿈에 부풀었습니다.

우장춘은 본격적인 업무를 시작하기 전에 서울로 올라갔습니다. 이승만 대통령과 만나기로 약속되어 있었기 때문입니다.

"우 박사, 반갑습니다! 이렇게 유명한 우 박사를 직접 만나게 되다니 영광이구려, 하하!"

"대통령 각하, 무슨 말씀이십니까! 부끄럽습니다."

우장춘은 얼굴을 붉혔습니다.

"지금 우리 형편이 말이 아니라오. 특히 농촌 현실은 비참하기 그지없지요. 우수한 종자가 부족하다 보니 농산물의 품질 또한 형편없습니다. 비싼 외국산 종자를 수입할 형편도 안 되고……."

이승만 대통령의 표정이 어두워졌습니다.

"걱정 마십시오. 농촌 곳곳을 돌며 문제점들을 살펴볼 생각입니다. 책상 앞에 앉아 문제를 논하는 것과 직접 눈으로 보는 것과는 많은 차이가 나는 법이지요."

"그렇습니까? 나는 우 박사만 믿습니다. 필요한 것이 있으면 언제든지 말하시오. 정부에서 최대한 지원해 주겠소."

이승만 대통령은 우장춘의 세심함이 마음에 들었습니다. 그는 우장춘이 전국 각지의 농업 시험장과 연구소를 차질 없이 돌아볼 수 있도록 배려를 아끼지 않았습니다.

우장춘은 곧 우리나라의 농촌 현실을 알아보기 위해 몇몇 연구원과 함께 곳곳을 돌아보기 시작했습니다. 대부분 원시적인 농사법을 고수하고 있었습니다. 또한 광복 뒤 어려워진 경제 형편 때문에 대부분의 국민들은 김치마저 마음대로 먹지 못했습니다.

우장춘은 생각보다 훨씬 열악한 우리나라의 농촌 사정을 보고 큰 충격을 받았습니다. 연구소로 돌아온 우장춘은 연구원들을 한자리에 불러 모았습니다.

"여러분도 보았듯이 앞으로 해야 할 일이 많습니다. 우리가 우선 할 일은 국민들이 가장 많이 먹는 배추와 무의 질 좋은 종자를 만드는 것입니다. 우리 국민들의 밥상을 책임질 수 있는 품질 좋은 농산물을 만듭시다."

우장춘과 연구원들은 각오를 새로이 다졌습니다. 우장춘은 부서를 짜고 연구원들이 담당할 일을 나누었습니다.

연구원들은 우장춘의 지시에 따라 연구에 몰두했습니다. 각자가 맡은 일은 조금씩 달랐지만, 그들의 뜻은 모두 같았습니다. 바로 국민들의 밥상을 풍성하게 해 줄 먹을거리를 만들어야 한다는 것이었습니다.

생각쟁이 열린마당

동족 상잔의 비극
6·25 전쟁

　우장춘이 조국으로 돌아온 지 겨우 석 달 보름여 뒤인 1950년 6월 25일, 북한 공산군은 일제히 38선을 넘어 남침을 감행했다. 이에 국군은 즉각 주말 외출 중인 장병들을 전원 귀대시키고 전투 태세를 갖추었다. 또한 그 즉시 주미 한국 대사 장면에게 긴급 훈령을 내려 미 국무성에 사태의 절박함을 알렸고, 미국은 그날 오후 유엔 안전 보장 이사회를 열어 한국 문제에 대한 대책을 건의, 북한군의 즉각 철퇴 촉구를 결의하게 했다.

　27일 재개된 유엔 안전 보장 이사회는 다시 '공산군의 무력 침략을 배제하는 데 필요한 원조를 한국에 보낼 것을 모든 유엔 가입국에 권고하자'는 미국 대표의 제안을 가결했다. 이에 미국은 트루먼 대통령의 명령으로 맥아더 전투 사령부를 한국에 설치하고, 해군과 공군을 우선 한국에 파견했다.

　그사이 북한 공산군은 미아리를 거쳐 28일에는 수도 서울을 완전 장악했다. 그리고 밀고 밀리는 싸움이 계속되면서 우리 정부는 부산까지 후퇴하는 위급한 상황에 놓이게 되었다.

　마침내 9월 15일 새벽, 유엔군과 국군 해병대가 맥아더 장군의 지휘로 인천 상륙 작전을 감행하게 되고, 이들의 맹렬한 협공으로 9월 28일 역사적인 서울 탈환이 이루어졌다. 이와 같은 기세를 몰아 11월 25일 수도사단이 함경북도 청진에 돌입함으로써 국토의 전역이 거의 수복되고 조국의 통일을 눈앞에 두게 되었다.

그러나 아무런 통고도 없이 중공군이 전쟁에 끼어들면서 전세는 역전되어 다시 밀고 밀리는 전투가 계속되었고, 1952년 1월 4일 서울이 두 번째로 적의 수중에 넘어갔다.

아군은 병력과 장비를 정비한 뒤 재반격을 개시해 북진을 시도했고, 거침없이 주요 도시를 점령해 나갔다. 이에 공산군 측은 전세가 불리하다는 걸 알아채고 소련의 유엔 대사로 하여금 정전을 제의하게 해, 미국이 이를 받아들여 7월 8일 개성에서 정전 회담 예비 회담이 개최되었다. 10월 25일, 장소를 판문점으로 옮겨 회담을 진행한 결과 11월 28일에 당시의 전선을 임시 휴전선으로 채택하게 되었다.

6·25 전쟁은 한민족간의 싸움이었다는 점에서 더욱 비극적이다. 50여 년이 지났지만 전쟁은 아직도 끝나지 않았다. 휴전선은 여전히 존재하며, 북한은 식량난과 핵문제 등으로 우리나라는 물론 국제 사회에 긴장을 주고 있다. 이러한 현실은 아직도 우리가 해결해야 할 중요하고도 어려운 과제 중의 하나다.

김치는 이 땅에서 얻은 배추와 무 종자로

우장춘이 연구를 시작할 무렵, 전쟁이 터졌습니다. 1950년 6월 25일 새벽에 북한이 남쪽을 공격해 온 것입니다.

우장춘이 있던 부산은 분위기는 뒤숭숭했지만 평온한 편이었습니다. 그러나 얼마 뒤 피란민들이 몰려들기 시작했습니다. 부산 거리는 피란민의 행렬과 임시로 만들어 놓은 천막들로 가득 찼습니다.

연구원들도 불안해하기 시작했습니다. 그러나 우장춘은 흐트러짐 없는 모습을 보여 주었습니다. 여느 때와 마찬가지로 밀짚모자를 쓰고 밭에 나가 농작물을 돌보았습니다.

"전쟁이 일어났다고 해서 손을 놓고 있으면 어떻게 하나? 지금 국민들은 전쟁 때문에 더 심각한 어려움에 처해 있는데 말이야. 이런 때일수록 우리의 책임이 더 커지는 것이네. 하루라도 빨리 종자를 개발해야 한다고."

우장춘의 말에 연구원들은 부끄러워졌습니다.

"일단 보급 품종을 만들어 놓은 뒤, 새로운 품종을 만들어야 하니 꽤 오랜 시간이 걸릴 거야."

우장춘은 배추와 무에 대한 조사에 들어갔습니다. 우리나라 배추의 가장 큰 문제점은 병충해*에 약하다는 것이었습니다. 배추 속이 차기도 전에 벌레가 먹

> **병충해** 농작물이 병균이나 해충으로 인해 입는 피해를 말함.

어 상품으로서의 가치가 떨어졌습니다.

우장춘은 병충해에 강한 종자들을 조사하기 시작했습니다. 그러던 중 중국 배추가 병충해에 강하다는 사실을 알아냈습니다. 우장춘은 중국 배추를 우리나라 토종 배추와 개량해 새로운 종자를 개발해 냈습니다.

무는 좀 더 쉬웠습니다.

어느 날, 우장춘은 한 연구원으로부터 재미있는 이야기를 들었습니다.
옛날 옛적, 울산의 한 선비가 벼슬을 얻어 한양으로 올라갔는데 울산에서 먹던 무 맛을 잊을 수 없어 하인에게 울산으로 내려가 무를 구해 오라고 했다는 이야기였습니다.

이야기를 듣던 우장춘은 갑자기 무릎을 쳤습니다.

"그래! 바로 그거야. 자네는 어서 울산으로 가서 울산 무를 구해 오도록 하게."

"예? 박사님, 그건 단지 옛날이야기일 뿐인데요."

연구원은 미심쩍은 표정으로 말했습니다.

"그런 이야기가 전해 오는 데는 그만한 이유가 있을 걸세."

우장춘은 빙그레 웃으며 말했습니다.

얼마 뒤, 연구원이 구해 온 울산 무로 김치를 담가 보았습니다. 그런데 맛이 정말 뛰어났습니다. 다른 토종 무보다 육질이 아삭하고 양념도 잘 배어들었던 것입니다. 우장춘은 울산 무를 개량해 좀 더 질 좋은 종자를 얻어 내는 데 성공했습니다.

육질 연하거나 사각사각하거나 단단하거나 한 정도로서의 과육의 질.

이렇듯 어려운 사회 상황 속에서도 우장춘의 연구는 차근차근 성공적으로 진행되고 있었습니다.

1950년 겨울, 일본에서 편지 한 통이 왔습니다. 막내딸이 곧 결혼을 한다는 소식이었습니다. 그동안 연구에만 몰두했던 우장춘은 문득 가족들이 그리웠습니다.

"잠깐 일본에 다녀오겠네. 내가 없더라도 농장에 차질이 없도록 연구원 모두 최선을 다해 주길 바라네."

연구원들은 우장춘의 딸이 결혼한다는 사실을 몰라 걱정부터 앞섰습니다. 혹시 우장춘이 일본으로 돌아가려는 것은 아닐까 하는 의심이 들었던 것입니다.

우장춘이 일본으로 떠난 뒤에도 전쟁은 계속되고 있었습니다. 1951년 중공군이 전쟁에 합세하는 바람에 전세˚는 더욱 불리하게 돌아가고 있었습니다.

전세 전쟁이나 경기 따위의 진행되는 형세나 형편을 뜻함.

"이런 상황에 우장춘 박사님이 한국으로 돌아오시겠어?"

"그러게. 이제 우린 어떻게 해야 하지?"

연구원들은 어두운 표정으로 한숨만 내쉬었습니다.

그러나 봄이 되자 우장춘은 다시 돌아왔습니다.

"박사님!"

"정말 오셨군요!"

"안 오실까 봐 걱정했어요!"

모두들 우장춘 박사를 기쁘게 맞았습니다.

"아니, 이 사람들이! 내가 도망이라도 간 줄 알았나?"

우장춘은 연구원들에게 미소를 지었습니다.

우장춘이 돌아오자 연구소는 다시 활기가 넘쳤습니다. 연구원들도 마음의 안정을 되찾고 연구에 몰두하기 시작했습니다.

고무신을 사랑한 할아버지

 우장춘의 이름이 알려지면서 연구소에는 낯선 손님들이 자주 찾아오곤 했습니다. 세계적인 학자, 우장춘의 얼굴을 보기 위해 찾아오는 사람이 대부분이었습니다.

 그럴 때면 우장춘은 한 차례 곤혹을 치러야만 했습니다. 우장춘은 일본에서 나고 자랐기 때문에 우리말이 서툴렀습니다. 그래서 낯선 사람과 이야기를 할 때 상대방이 그의 말을 잘 알아듣지 못했던 것입니다.

"박사님은 바쁜 일이 있어 오늘은 나오실 수 없습니다."

연구원들이 우장춘의 마음을 눈치 채고 손님들을 따돌릴 때도 있었지만, 그들은 한사코 우장춘을 만나고 싶다며 쉽게 발길을 돌리지 않았습니다.

어느 날, 한 남자가 연구소를 찾아왔습니다.

"우 박사님을 만나고 싶은데, 어디로 가야 합니까?"

그는 지저분한 작업복 차림의 연구원에게 매우 거만한 태도로 물었습니다.

"우 박사님은 저쪽에 계십니다."

"저분이 우장춘 박사라고요?"

연구원이 가리키는 쪽으로 고개를 돌리던 남자는 깜짝 놀랐습니다. 까맣게 그을린 피부에 밀짚모자를 눌러쓴 노인이 밭에서 김매기를 하고 있었기 때문입니다.

그는 미심쩍은 듯 고개를 갸우뚱거렸습니다. 아무리 생각해도 그 노인은 세계적인 명성을 가진 우장춘 박사의 모습이 아니었습니다.

남자는 당황하는 표정을 지으며 다시 물었습니다.

"진짜 저분이 우장춘 박사님이 맞습니까?"

"예, 그렇습니다. 우리는 저분을 고무신 할아버지라고 부르지요."

"고무신 할아버지라고요? 그건 또 왜지요?"

남자는 의아한 듯 물었습니다.

"우장춘 박사님이 고무신을 사랑하기 때문입니다."

연구원은 미소를 지으며 대답했습니다.

"아무래도 박사님답지 않은 별명이군요."

남자는 민망한지 뒷머리를 긁적였습니다. 그리고 우장춘을 만나보지도 않은 채 슬금슬금 달아나 버렸습니다.

그는 우장춘에 대한 소문을 듣고 꿈에 부풀어 무작정 찾아온 젊은이였습니다. 그런데 그의 눈에 비친 우장춘은 농학 박사라는 이름에 걸맞지 않게 너무 초라했습니다. 결국 그는 실망해서 도망치듯 가 버렸던 것이지요.

물론 우장춘이 항상 작업복 차림에다 고무신만 신고 있었던 것은 아닙니다. 중요한 손님이 찾아오면 정장을 하고 예의를 갖춰 손님을 맞았습니다. 하지만 평소에는 다른 연구원들과 똑같이 작업복을 입고 생활했습니다. 연구소 살림이 빠듯해 감히 사치를 부릴 엄두도 못 냈지만, 밭일을 할 땐 작업복과 고무신이 최고라는 게 그의 생각이었습니다.

그 무렵 연구원들 월급은 당시 쌀 한 가마니 값에 지나지 않았습니다. 생활이 어렵기는 우장춘이나 연구원들이나 크게 다르지 않았습니다. 그런데도 누구 한 사람 불평하지 않고 연구에만 몰두했던 것은 우장춘 스스로 검소한 생활을 보여 주었기 때문입니다.

국민들의 밥상을
책임지는 농업

감귤 재배의 최적지 제주도

우장춘은 채소 종자를 심고 거둘 적당한 지역을 찾기 위해 부지런히 전국을 누비고 다녔습니다. 많은 사람으로부터 의견을 듣고 정보를 수집하는 일도 게을리 하지 않았습니다.

바쁜 와중에도 순서를 정해 후보지를 답사했는데, 그 중에는 제주도도 있었습니다. 1951년 10월 부산에서 출발한 우장춘은 오랜 시간이 걸려 제주도에 도착했습니다. 전쟁 때문에 배를 구하기가 힘들었고, 가는 도중에 배가 여러 번 고장을 일으키는 바람에 도착 예정 시간보다 훨씬 더 늦어졌습니다.

부두에 내려서자 도지사˙를 비롯해 많은 사람이 마중을 나와 있었습니다. 그들은 우장춘에게 자동차를 마련해 주고 안내인을 붙여 주었습니다.

제주도가 처음인 우장춘은 안내인에게 이곳저곳을 돌아다니며 설명을 듣는 중에도 제주도의 기후와 토양을 생각하느라 바빴습니다. 달리는 자동차 안에서 제주도의 풍경을 놓치지 않고 꼼꼼히 살폈습니다.

도지사 행정 구역의 하나인 도의 행정과 사무를 모두 책임지고 있는 우두머리.

"이곳에는 귤나무가 많다고 들었는데, 귤나무를 재배하는 농장은 없습니까?"

"이 근처에 한 군데가 있기는 합니다만…… 버려진 농장입니다."

"그럼, 그곳으로 나를 좀 안내해 주겠소?"

안내인은 우장춘을 농장으로 안내했습니다. 그곳엔 벌레 먹은 귤나무들이 있었습니다.

"이렇게 벌레가 먹도록 놔두다니 아깝군요."

"버려진 농장이라 귤나무를 돌볼 사람이 없거든요."

우장춘은 귤나무를 살펴보며 안타까운 표정을 지었습니다. 그는 흙을 만져 보고 귤나무의 잎과 껍질을 자세히 살펴보았습니다.

"제주도의 기후와 토양은 귤을 재배하는 데 최상의 조건입니다. 농장을 만들고 정성을 쏟는다면 크게 성공할 것입니다. 품질 좋은 묘목을 옮겨다 심으면 분명 큰 성공을 거둘 수 있을 겁니다."

우장춘은 확신에 찬 표정으로 말했습니다.

농장을 돌아본 우장춘 일행은 다시 자동차를 출발시켰습니다. 제주도를 다 돌아보려면 시간이 빠듯해 서두르지 않으면 안 되었습니다.

우장춘은 자신이 제주도에서 직접 귤을 재배해 보고 싶다는 생각이 들었습니다. 그러나 그러기에는 해야 할 일이 너무 많았습니다. 그에게는 우리 나라 국민들이 당장 먹을 채소와 주식을 해결해야 하는 막중한 책임이 있었기 때문입니다. 우장춘은 아쉬움을 뒤로한 채 제주도를 떠나야 했습니다.

감자 주산지 강원도 평창

우리나라에서 배추와 무의 종자를 생산하게 된 우장춘은 국민의 주식으로 눈을 돌렸습니다. 그는 특히 씨감자 품종 개량에 관심이 많았습니다. 감자만큼 다양하게 이용되는 먹을거리도 드물었기 때문입니다.

그런데 한 가지 문제가 있었습니다. 감자는 우리나라 기후에 알맞은 작물이 아니었습니다. 감자가 잘 자라려면 북쪽 지방처럼 여름에도 덥지 않고 서늘해야 합니다. 고민을 거듭한 끝에 우장춘은 북쪽 지방과 가깝고 기후 또한 비슷한 강원도 지방을 씨감자의 재배지로 선택했습니다.

우장춘은 특히 북쪽 지방에 가까운 휴전선 근처 지역을 여러 차례 돌아보았습니다. 그 결과 강원도 평창군 횡계리 고원 지대가 씨감자를 생산하기에 가장 적합하다는 결론을 얻었습니다. 감자는 추운 곳에서 잘 자라는 작물로, 여름에도 선선한 평창의 기후 조건과 딱 맞아떨어졌던 것입니다.

어렵게 씨감자 생산지를 결정하고 나니 이번에는 연구비가 턱없이 부족했습니다. 농업 관계자들은 곧 연구비를 지원해 주겠다고 말만 앞세울 뿐 감감무소식이었습니다.

연구비 지원을 계속 기다리던 우장춘은 이승만 대통령을 만나기 위해 서울로 올라갔습니다. 농업 관계자들이 연구비 지원을 해 주지 않으니, 대통령에게 직접 호소해야겠다고 생각한 것입니다.

"우 박사! 어쩐 일입니까? 정말 반갑군요."

이승만 대통령은 우장춘과 악수를 나누었습니다.

"저, 대통령 각하, 사실은……."

우장춘은 이승만 대통령에게 그동안의 이야기를 들려주었습니다. 그러자 이승만 대통령은 얼굴이 붉으락푸르락해져서는 수화기를 들었습니다.

"당장 내 집무실로 오시오!"

잠시 뒤, 농림부 장관이 대통령 집무실로 왔습니다. 이승만 대통령은 장관을 바라보며 호통을 쳤습니다.

"내가 우 박사에게 연구비 지원을 아끼지 않겠다고 굳은 다짐을 했소. 그런데 아직도 지원이 안 되다니! 도대체 내 체면이 뭐가 되겠습니까?"

"죄, 죄송합니다, 각하!"

농림부 장관은 식은땀을 흘리며 어쩔 줄 몰라 했습니다.

"농림부 장관은 주식이 될 만한 농산물을 찾는 것이 얼마나 시급하고 중요한 일인지 알고나 있소?"

대통령으로부터 호된 꾸지람을 들은 농림부 장관은 장관실로 우장춘을 불렀습니다. 그는 우장춘을 보자마자 기다렸다는 듯 자리에서 일어나 성큼성큼 다가왔습니다.

"이게 다 내 불찰입니다. 내가 장관이 된 지 얼마 되지 않아 중요한 일을 챙기지 못했군요. 정말 죄송합니다."

"아, 그런 사정이 있었군요."

> **집무실** 주로 높은 지위에 있는 사람들이 일을 하는 방을 말함.
>
> **불찰** 조심스럽게 잘 살피지 않은 탓으로 생긴 잘못.

"국장에게 물어보니 예산이 깎이는 바람에 어쩔 수 없었다고 하더군요. 하지만 다시 예산을 책정해 연구비를 지원해 드리겠습니다."
농림부 장관은 그 자리에서 몇 번이고 약속을 했습니다.

연구소로 돌아온 우장춘은 그제야 안도의 한숨을 내쉬었습니다.

얼마 뒤, 농림부에서 연구비가 지급되었습니다. 우장춘은 본격적으로 연구에 들어갔습니다. 그는 우선 농가에서 씨감자 표본을 수집해 기초 실험을 했습니다. 그와 더불어 병에 걸리지 않는 씨감자 생산에 들어갔습니다.

씨감자를 재배하기 위해 우장춘과 연구원들은 서울에서 대관령까지 차로 꼬박 여덟 시간을 달려야 했습니다.

우리나라 농촌 사정이 다 그러하듯 그 지역 주민들도 형편이 어려운 것은 물론 농업 기술에 대해 제대로 알지 못하고 있었습니다.

대관령에 도착한 연구원들은 초가집 한 채를 얻어 생활하면서 일본, 미국, 독일에서 들여온 품종들을 시험 농장에 심었습니다. 마침내 병이 없는 씨감자 생산에 성공했습니다. 대관령은 감자뿐만 아니라 고랭지˙ 채소를 재배하기에도 적당했습니다. 대규모의 목장까지 들어서면서 척박하기 그지없던 대관령 지역은 점점 더 발전하게 되었습니다.

오랜 세월이 흐른 지금도 강원도 평창군 횡계리 대

고랭지 위도가 낮으며 지대의 높이가 600미터 이상으로 높고 추운 곳.

관령 고원 지대는 우리나라 최대의 감자 생산지로 유명합니다. 이는 앞을 내다볼 줄 아는 우장춘의 안목이 없었다면 불가능한 일이었을 것입니다.

진도에 꿈의 씨앗을 심어라

휴전 협상이 진행되고 있던 1952년, 우장춘은 전라남도 진도로 향하고 있었습니다.

'과연 그곳에서 내 꿈을 펼칠 수 있을까?'

우장춘은 진도로 향하는 내내 심각한 표정이었습니다.

그동안 수많은 조사 끝에 진도가 채소 종자를 재배하기에 가장 가능성이 높은 곳이라는 결론을 얻었습니다. 그래서 실제로 그곳을 둘러보기 위해 진도로 향하고 있었던 것입니다.

진도에 도착한 우장춘은 농업학교에서 강연을 마친 뒤, 곳곳을 둘러보았습니다. 진도는 듣던 대로 땅이 기름졌습니다. 또한 날씨가 따뜻한 편이라서 종자를 키우기에는 안성맞춤이었습니다.

조사를 마치고 부산으로 돌아온 우장춘은 웃음이 절로 나왔습니다. 그는 연구원들과 몇 달 동안 철저한 준비를 한 뒤 다시 진도로 향했습니다. 그리고 바로 시험 재배에 들어갔습니다.

그의 예상은 맞아떨어졌습니다. 시험 재배에 들어갔던 농작물들은 병충해 없이 모두 잘 자라났습니다. 마침내 우장춘은 진도를 재배용 씨앗을 생산하는 지역으로 결정했습니다. 그의 큰 꿈을 이루기 위한 최초의 씨앗이 비로소 제집을 찾은 것입니다.

1953년, 한국농업과학연구소는 '중앙원예기술원'으로 이름을 바꾸고, 정부의 지원을 좀 더 받게 되면서 살림이 조금 나아졌습니다. 또한 한국농업과학협회가 문을 열면서 진도에서 생산하는 종자를 대량으로 생산할 수 있는 길이 열렸습니다.

그해 여름, 전쟁 중이던 남한과 북한은 휴전 협정을 맺었습니다.

휴전 협정 전쟁 중인 나라 간에 전쟁을 얼마 동안 멈출 것을 문서로 합의하는 것.

전쟁은 끝난 것이나 마찬가지였지만, 나라 곳곳에는 전쟁이 휩쓸고 간 흔적들이 남아 있었습니다. 우장춘은 전쟁으로 인해 터전을 잃은 농민들을 생각하니 가슴이 아팠습니다.

그 무렵, 일본에서 어머니가 위급하다는 전보가 날아왔습니다. 우장춘은 급히 일본으로 떠날 준비를 했습니다. 그런데 큰 문제가 생겼습니다. 출국 허가가 나오지 않았던 것입니다. 우장춘은 몹시 초조했습니다. 대통령에게까지 부탁했지만 소용이 없었습니다. 그리고 얼마 뒤, 어머니가 돌아가셨다는 전보가 날아들었습니다. 우장춘의 눈에서는 뜨거운 눈물이 흘러내렸습니다.

'어머니! 이 불효자를 용서해 주세요.'

장례식에 참석하지 못한 우장춘을 위해 연구원들이 강당에서 어머니의 위령제를 열어 주었습니다. 전국 곳곳에서 조의금과 성금이 전해졌습니다.

한국농업과학연구소에서 연구하던 우장춘과 연구원들

위령제를 마친 뒤, 우장춘은 그 돈으로 농장 한쪽에 우물을 만들었습니다. 농장에 물이 부족해 연구원들이 늘 고생을 했기 때문입니다. 우장춘은 이 우물을 '자유천'이라고 이름 지었습니다. 어머니의 젖처럼 사랑이 샘솟는 우물이라는 뜻이었습니다.

위령제 죽은 사람의 영혼을 위로하기 위해 지내는 제사를 일컬음.
원종 재배용 씨앗을 받기 위해 뿌리는 씨.

우장춘은 슬픔을 뒤로하고 다시 연구에 몰두했습니다. 그리고 많은 노력을 기울인 끝에 1954년, 종자 생산지 진도에서 원종을 생산했습니다. 모두 배추와 무 종자였습니다.

"처음엔 어디서부터 시작해야 할지 도무지 엄두가 나지 않았습니다. 그런데 막상 성공을 거두고 보니 꼭 꿈만 같군요. 하지만 이제 시작입니다. 우리에겐 아직도 해야 할 일이 많습니다."

진도에서 가져온 원종 가마니를 앞에 놓고 연구원들은 흥분을 감추지 못한 채 뜨거운 눈물을 쏟았습니다. 우장춘도 눈시울이 뜨거워졌습니다.

그리고 그로부터 3년 뒤인 1957년, 우리나라 농민들은 우리 땅에서 나는 종자를 밭에 심을 수 있게 되었습니다. 이제 더 이상 남의 나라에서 종자를 사들일 필요가 없게 된 것입니다. 우장춘과 연구원들이 아침부터 밤늦게까지 농장에서 일한 덕분이었습니다.

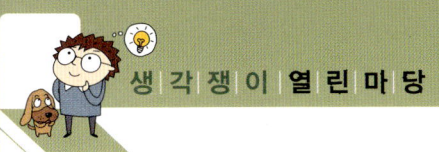

어머니의 우물, 자유천

　우장춘은 어머니에 대한 사랑이 남달랐다. 어머니가 겪은 불행을 누구보다 잘 알고 있었기 때문이다. 그런 우장춘에게 어머니를 모시지 못한다는 사실은 늘 가슴을 짓누르는 고통이었다.

　연구에 몰두하고 있던 어느 날, 우장춘에게 한 통의 전보가 날아들었다. 어머니가 위독하다는 내용의 전보였다.

　우장춘은 눈앞이 캄캄해지고 정신이 혼미해졌다. 어머니를 일본에 남겨 둔 채 떠나온 불효도 크나큰데, 돌아가실지도 모른다고 생각하니 까마득한 낭떠러지로 떨어지는 기분이었던 것이다.

　어쩔 줄 모르고 허둥대던 우장춘은 우선 출국 신청부터 했다. 그런데 아무리 기다려도 출국 허가가 나오지 않았다. 우장춘은 점점 초조해지기 시작했다.

　그러는 사이 어머니가 돌아가셨다는 전보가 날아들었다. 어머니는 우장춘을 보지 못한 채 동생의 집에서 숨을 거둔 것이다. 우장춘은 울부짖었다. 어

머니의 임종도 지키지 못한 불효를 생각하며 가슴을 치고 또 쳤다.

  우장춘의 어머니가 돌아가셨다는 소식이 알려지자 각지에서 성금이 도착했다. 평소 우장춘에게 신세를 졌거나 은혜를 입은 사람들이 보내 준 것이었다. 우장춘은 그 돈으로 농장에 우물을 만들었다. 그리고 '자유천'이라 이름 지었다. 자애로운 어머니의 젖과 같은 샘이라는 뜻으로 붙인 이름이었다.

  우장춘은 하루를 시작하기 전에 허리를 펴고 바다 쪽을 멍하니 바라보곤 했다. 어머니에게 가지 못한 죄스러움, 어머니에 대한 간절한 그리움을 그렇게 달랬던 것이다.

　우장춘은 어린 시절, 아버지의 갑작스런 죽음으로 인해 몹시 가난한 생활을 해야 했다. 한때였지만 고아원에 맡겨지기도 했다. 이런 어려운 생활 속에서도 우장춘의 어머니는 아들 뒷바라지에 온 정성을 쏟았다. 그 결과 우장춘은 도쿄 제국 대학 농학부 실과에 장학생으로 입학할 수 있었다.

　1919년 졸업과 동시에 그는 일본 농림성 농업 시험장에 취직해 육종 연구에 몰두했다. 그리고 〈종의 합성〉이란 연구 논문으로 박사 학위를 받으면서 세계적인 육종학자로 인정받게 되었다. 그러나 그의 업적이 더욱 빛을 발한 것은 독립된 조국으로 돌아온 뒤였다. 우리나라 식량 문제를 해결하기 위해 혼신의 노력을 기울인 우장춘, 그에게 민들레의 교훈을 일깨워 준 어머니가 있었기에 그 모든 일이 가능했던 것이다.

　성공한 사람 뒤에는 언제나 훌륭한 어머니가 있었다. 정트리오(정명훈, 정명화, 정경화)라는 3남매를 세계적인 음악가로 길러 낸 어머니도 있으며, 선천적인 장애를 갖고 태어났으나 정상인 못지않게 훌륭히 키운 어머니들도 있다. 장애인 국가 대표 수영 선수인 김진호와 네 손가락의 피아니스트 이희아를 모르는 사람은 거의 없을 것이다. 이들이 장애를 극복하기까지의 눈물겨운 노력 뒤에는 함께 울고 웃어 준 어머니가 있었다.

수경 재배와 청정 재배

"이 딸기 좀 보십시오."

한 미국 장군이 상 위에 놓인 딸기를 가리키며 말했습니다.

"딸기가 아주 크고 싱싱하군요."

이승만 대통령은 딸기를 살피며 말했습니다.

"일본에 있는 미국 사령관이 보내온 선물입니다."

이승만 대통령의 생일을 축하하기 위한 저녁 식사 자리였습니다. 사람들의 관심은 일제히 상에 오른 딸기에 쏠렸습니다. 그 자리에는 우장춘도 있었습니다.

"수경 재배˙로 기른 것이지요. 한국에는 아직 수경 재배가 없지요?"

장군은 거만한 표정으로 말했습니다. 이승만 대통령은 의아한 표정으로 우장춘에게 물어보았습니다.

"수경 재배라는 것도 있소? 우 박사, 우리도 수경 재배로 딸기를 기를 수 있습니까?"

이승만 대통령은 처음 보는 수경 재배 딸기가 신기한 데다 미국 사람에게 지고 싶지 않다는 오기가 생겼습니다.

"수경 재배는 비용이 많이 듭니다. 우리 현실에는 청정 재배˙가 더

수경 재배 흙을 사용하지 않고 물과 수용성 영양분으로 만든 액체 속에서 식물을 키우는 방법.

청정 재배 사람의 똥과 오줌인 인분뇨를 쓰지 않고 화학 비료로 채소를 재배하는 방법. 우리나라에서는 채소 재배에 인분뇨를 사용해 왔으나 인분뇨에 병을 옮기는 균이 있어 청정 재배를 함.

적당하다고 봅니다."

"청정 재배라, 그건 또 무엇이오?"

"예, 토마토와 샐러드에 사용하는 채소를 거름 대신 비료만으로 재배하는 방법이지요."

우장춘은 이승만 대통령이 이해하기 쉽게 청정 재배에 대해 설명했습니다. 우장춘의 말에 이승만 대통령은 고개를 끄덕였습니다.

그해 6월, 미국의 농업 담당관인 이스트 우드가 한국을 방문하게 되었습니다.

"한국이 농업 선진국이 되려면 수경 재배를 도입해야 합니다. 수경 재배는 기생충에 대한 염려를 하지 않아도 되는 과학적인 농법입니다."

그는 이승만 대통령에게 한국에 주둔해 있는 미군이 기생충 때문에 한국 채소를 기피한다면서 수경 재배를 적극 권했습니다.

"우리나라에는 우장춘이라는 훌륭한 농학자가 있소. 그에게 물었더니 수경 재배를 찬성하지 않더군요. 그러니 이 문제는 우 박사와 상의하도록 하시오."

이승만 대통령은 이스트 우드에게 우장춘을 만나 보라고 했습니다. 우장춘을 만난 이스트 우드는 오랜 시간 수경 재배의 중요성에 대해 열변을 토했습니다. 그의 말에서 은근히 가난한 나라인 한국을 얕잡아 보는 듯한 태도가 느껴졌습니다. 우장춘은 참다못해 이스트 우드를 쏘아보며 질문을 던졌습니다.

"당신의 말을 듣다 보니 한 가지 의문이 생기는군요. 그럼 현재 미국 사람들은 수경 재배로 기른 야채를 얼마나 먹고 있습니까?"

수경 재배 흙 대신 물을 이용하여 미나리와 딸기, 토마토, 상추 등을 재배하는 방법이다.

이스트 우드는 얼른 대답하지 못하고 우물쭈물했습니다. 그는 정확한 수치를 모르는 게 아니었습니다. 당시 미국에서 수경 재배로 생산한 야채는 1퍼센트도 채 안 되었기 때문입니다.

"수경 재배가 좋다면, 왜 미국 같은 부자 나라에서 100퍼센트 활용하지 않습니까?"

우장춘의 말에 이스트 우드는 아무런 대꾸도 할 수 없었습니다. 우장춘의 말이 옳았기 때문입니다.

그러나 이승만 대통령은 수경 재배에 대해 계속 고집을 부렸습니다. 그는 일본으로 사람을 보내 수경 재배 기술을 도입하려고 했습니다.

사실 수경 재배의 원리는 간단합니다. 콘크리트로 물통을 만든 뒤 깨끗한 모래를 넣기만 하면 모든 준비 과정은 끝이 납니다. 거기다가 식물에 필요한 영양소를 골고루 섞어 넣은 뒤 씨앗을 심으면 되는 것이지요.

"우 박사, 나를 위해 한번 해 보시오. 수경 재배로 자라는 식물들을 내 눈으로 직접 확인해 보고 싶소."

우장춘은 할 수 없이 수원에 수경 재배 시설을 만들었습니다. 이승만 대통령은 주말이면 수원에 들러 흐뭇한 표정으로 구경을 하고 돌아가곤 했습니다.

그러나 대통령의 관심도 그리 오래가지 않았습니다. 게다가 우장춘의 말처럼 수경 재배에는 비용이 많이 들었습니다.

우장춘은 다시 청정 재배로 관심을 돌렸습니다. 그는 얼마 뒤 청정 재배로 기른 채소들을 미군 사령부에 보냈습니다. 미군 측에서는 무척 만족스럽다는 답변과 함께 계속 거래를 하겠다는 의사를 밝혀 왔습니다. 우장춘은 청정 재배로 적지 않은 외화를 벌어들일 수 있었습니다.

과학자라는 이름으로

정직한 과학자가 존경받는다

나팔꽃 연구와 겹꽃 피튜니아 연구에서 알 수 있듯이 우장춘은 꽃에 대해 남다른 관심과 애정을 갖고 있었습니다. 하지만 당시 우리나라 국민들은 대부분 꽃을 가꾸고 재배할 만큼 경제적 여유가 없었습니다. 그보다는 먹고사는 문제를 해결하는 일이 더 우선이었습니다. 그래서 대부분의 꽃을 수입에 의존해야 했습니다.

그러나 우장춘은 연구소에 꽃밭을 가꾸는 것은 물론 온실을 따로 만들어 갖가지 화초를 길렀습니다.

하루는 서양란 온실 안에 있던 덴드로븀˚ 화분 하나가 없어졌습니다. 담당 연구원은 고민 끝에 한 가지 꾀를 생각해 냈습니다.

"화분이 이렇게 많은데, 하나쯤 없어졌다고 표시가 나지는 않을 거야."

연구원은 화분이 없어진 자리를 다른 화분을 조금씩 당겨 채웠습니다. 그러자 빈자리가 눈에 띄지 않았습니다.

덴드로븀 서양의 난초 가운데 한 종류. 줄기는 가늘고 잎은 피침 모양이며, 흰색, 노란색, 자색 따위의 꽃이 핌.

아침이 되자 어김없이 우장춘이 온실에 왔습니다. 그리고 매일 그랬듯이 화분을 차례로 둘러보았습니다. 드디어 우장춘이 덴드로븀 화분이 있던 자리 앞에 멈춰 섰습니다.

"어찌 된 일인가? 덴드로븀 화분이 보이지 않는군."

우장춘은 금세 얼굴이 굳어졌습니다.

"잘 모르겠습니다. 뭐가 잘못되었습니까?"

연구원은 애써 불안한 기색을 감추며 말했습니다.

"그래, 자네 눈에는 화분 하나가 없어진 게 보이지 않는다는 말인가? 바로 이 자리에 덴드로븀 화분이 있었어. 시험 작물이 없어진 것도 모르고 어떻게 연구를 한단 말인가?"

우장춘은 화분이 있던 자리를 정확히 짚어 냈습니다. 연구원은 고개를 푹 숙였습니다.

"누가 화분을 이렇게 당겨 놓은 건가?"

"죄송합니다. 아침에 와 보니 화분 하나가 보이지 않았습니다. 그래서 화분을 조금씩 당겨 놓았습니다. 그렇게 하면 박사님이 눈치 채지 못하실 줄 알았거든요."

더 이상 우장춘을 속일 수 없다고 생각한 그는 사실대로 털어놓았습니다.

"왜 처음부터 진실을 말하지 않았나? 과학자는 정직해야 하네. 거짓말을 하는 사람은 과학자가 될 자격이 없어. 잘못을 감추기 위해 잠깐 상대방의 눈을 속일 수는 있지만, 거짓은 곧 드러나게 마련이지."

"제 생각이 짧았습니다."

그는 상대방의 마음속까지 훤히 꿰뚫어 보는 우장춘 앞에서 어찌할 바를 몰라 했습니다. 그리고 온실 관리를 소홀히 한 자신의 실수를 잠깐의 눈속임으로 감추려 했던 일을 깊이 뉘우쳤습니다.

이 같은 소문은 곧 연구소 전체로 퍼져 나갔습니다. 연구원들은 저마다 우장춘을 절대로 속일 수 없는 사람으로 여기게 되었습니다. 그리고 농장의 작물을 보살피기를 게을리 하지 않았습니다.

식물에게도 생명이 있다고?

어느 날, 우장춘이 일하는 연구소로 아이들이 놀러 왔습니다. 아이들은 꽃 위에 앉아 있는 나비를 쫓기도 하고 잠자리를 잡기도 하면서 재미있게 놀았습니다.

우장춘은 문득 자신의 어린 시절을 떠올렸습니다. 비록 살림이 어렵긴 했지만, 친구들과 산과 강을 돌아다니던 일은 그에게 무척이나 소중한 추억이었습니다. 그는 흐뭇한 미소를 지으며 아이들을 지켜보았습니다.

"바보! 그것도 못 잡니? 이 굼벵이야!"
"뭐, 굼벵이라고?"

어느 순간, 사이좋게 놀던 아이들이 옥신각신 다투기 시작했습니다.

> **굼벵이** 매미의 애벌레. 누에 비슷하나 몸이 짧고 뚱뚱함. 동작이 몹시 굼뜨고 느린 사물이나 사람을 얕잡아 이르는 말.

"넌 잠자리를 한 마리도 잡지 못했잖아. 그러니까 굼벵이지."
"그런 너는 얼마나 빠르다고 큰소리야?"
"너 같은 굼벵이보다는 빠르지."

아이는 혀를 날름 내밀어 보이고는 냅다 달아났습니다. 그러자 굼벵이라고 놀림을 당한 아이가 씩씩거리며 그 아이를 쫓기 시작했습니다.

'그래, 그때 나도 일본 아이들에게 놀림을 당하는 게 죽을 만큼 싫었지.'

우장춘이 잠시 생각에 잠겨 있는데, 갑자기 한 아이의 울음소리가 들려왔습니다. 놀림을 당한 아이가 제 친구를 한 대 쥐어박기라도 한 모양이었습니다.

"이놈들! 친구끼리 싸우면 안 되지!"

그제야 우장춘은 짐짓 무서운 표정을 지어 보였습니다.

"할아버지, 쟤가 먼저 굼벵이라고 놀렸어요."

우장춘은 그런 아이의 모습에 슬그머니 웃음이 나왔습니다.

"친구의 약점을 꼬집어 놀리는 건 좋은 행동이 아니야. 자, 할아버지와 재미난 놀이를 해 보자꾸나."

"재미있는 놀이라고요?"

꽃밭에 주저앉아 있던 아이가 눈물을 닦으며 벌떡 일어났습니다. 그러자 아이의 엉덩이에 눌렸던 꽃대가 부스스 올라왔습니다.

"지금부터 연구소 꽃밭에 어떤 생물이 숨어 있는지 찾아보는 거다."

"에이, 그건 너무 쉽잖아요. 저쪽 백일홍 꽃 위에 나비가 있어요."

"저기 잠자리도 보여요."

"눈에 보이지는 않지만 땅 밑에는 지렁이도 있을 거예요."

아이들은 저마다 신이 나서 외쳤습니다. 자신만만해하는 아이들을 보며 우장춘이 말했습니다.

"자, 아직도 찾아내지 못한 생물이 많단다. 움직이는 것만 생물일까?"

"알아요. 꼼짝도 안 하지만 번데기도 생물이에요. 그리고 땅속에서 죽은 듯이 지내는 굼벵이도요."

아이들은 서로 눈치를 보며 웃음이 나오려는 걸 억지로 참고 있었습니다.

"할아버지 말을 아직 이해하지 못한 모양이구나. 자, 여기 쓰러진 꽃대를 봐라. 이 줄기는 부러지기까지 했지. 너희가 만약 꽃대라면 어떻겠느냐?"

"아프다고 울 거예요."

"옳지, 잘 아는구나. 줄기가 부러져 아프다고 느끼는 건 여기 이 꽃이 살아 있는 생명이기 때문이란다."

"와, 그럼 이 꽃밭에 있는 모든 꽃도 생물인 거예요?"

아이들의 눈이 갑자기 휘둥그레졌습니다. 아이들은 지금까지 움직이는 것만 생물인 줄 알고 있었기 때문입니다. 꽃이나 나무는 꺾어도 아프다는 비명 한번 지르는 법이 없으니까요.

"그렇단다. 이 세상은 온갖 생명으로 가득 차 있단다. 땅속이라고 해서 다를 게 없지. 작은 씨앗이 땅에 떨어져 큰 나무로 자라고, 나중에 열매를 맺게 되는 거야."

"할아버지, 잘 알았어요. 그러니까 꽃이 예쁘다고 꺾으면 안 되는 거지요?"

"그래. 할아버지 이야기를 잘 이해해 줘서 고맙다."

아이들은 그날 이후로 자주 놀러 왔습니다. 우장춘에게서 재미있는 이야기를 듣는 것도 즐거웠지만, 무엇보다 학교에서 배우지 않는 꽃이나 여러 가지 식물에 대해 공부하는 것이 좋아서였습니다. 우장춘 역시 아이들을 보며 일본에 두고 온 가족에 대한 그리움을 달래곤 했습니다.

꽃밭 가꾸듯 마음을 가꿔라

우장춘은 꽃씨 할아버지로 불리기도 했습니다. 꽃을 무척 사랑했기 때문입니다.

우장춘이 꽃을 얼마나 사랑했는지는 그의 연구를 통해 잘 알 수 있습니다. 안타깝게도 화재로 불타 없어졌지만 나팔꽃 연구에 대한 논문을 쓰기도 했고, 겹꽃 피튜니아를 생산하는 씨앗을 만들어 내기도 했습니다.

피란민들이 부산으로 쏟아져 들어올 때였습니다. 온 나라 안이 팽팽한 긴장감으로 감돌고 있었습니다. 그러나 우장춘은 평소처럼 열심히 꽃밭을 가꾸었습니다.

어느 날, 그에게 한 연구원이 다가왔습니다.

"박사님! 지금 같은 상황에서 꽃을 가꾸시다니요. 거리에는 부모를 잃고 굶주림에 지친 아이들이 넘쳐 나고 있습니다."
그는 우장춘의 행동이 적절하지 않다며 투덜거렸습니다.
"하하, 이 사람아! 나한테 화가 났나 보군. 지금 공포와 굶주림으로 국민들이 얼마나 큰 고통을 겪고 있는지 잘 알고 있네. 그러나 사람에게는 배를 채우는 것보다 더 중요한 일이 있다네. 바로 마음을 가꾸는 일이지."
우장춘은 꽃을 쓰다듬으며 말을 이었습니다.
"나는 그래서 꽃을 좋아한다네. 꽃을 가꾸는 일은 마음을 가꾸는 것과 같지. 희망이 담긴 씨앗을 심고, 그 씨앗이 충분히 자랄 수 있도록 물을 주고 정성을 쏟는 일 말일세. 그런 노력 끝에 피어난 한 송이 꽃을 바라보는 일은 또 얼마나 즐겁겠는가. 지금 같은 어려운 상황에서는 그런 마음가짐이 더욱더 필요하지 않겠나?"
우장춘의 말을 들은 연구원은 부끄러움에 고개를 숙였습니다.
"지금은 꽃을 사치라고 생각하겠지만 두고 보게나. 우리나라 형편이 좋아지면 사람들은 꽃을 심고 가꾸는 일을 사랑하게 될 걸세. 먹을 수 있는 식물만이 중요한 것은 아니라네. 사람의 마음을 풍요롭게 해 주는 꽃이야말로 최고의 음식이지."
"정말 그런 날이 올까요?"

연구원은 믿지 못하겠다는 듯 어깨를 으쓱해 보였습니다. 그도 그럴 것이 전쟁으로 인해 매 끼니를 어떻게 해결해야 할지 걱정하는 상황이었기 때문입니다.

우장춘은 연구원에게 부드러운 미소를 지어 보였습니다. 그리고 다시 묵묵히 꽃밭 가꾸는 일에 집중했습니다.

전쟁 중에도 연구소의 꽃밭에는 계절마다 다양한 꽃이 활짝 피어나 아름다움을 뽐냈습니다. 그리고 전쟁이 끝난 뒤에는 부산 시민들의 큰 자랑거리가 되었습니다. 또 주말이면 나들이 나온 가족들과 젊은 남녀들이 꽃밭을 거닐곤 했습니다. 비록 어려운 때였지만 꽃을 가꾸고 사랑하는 우장춘의 마음의 여유가 뒷날 많은 사람에게 즐거움과 행복을 안겨 주었던 것입니다.

경제적인 수준이 향상되어 먹고사는 데 아무 불편이 없어진 요즘, 꽃은 우리 생활의 일부가 되었습니다. 결혼식이나 생일, 졸업식은 물론 각종 행사에서 꽃은 감초 역할을 톡톡히 해내고 있습니다.

참된 농사꾼,
흙으로 돌아가다

씨앗은 우주다

무와 배추 종자를 자급자족하게 되자, 우장춘은 채소보다 더 중요한 주식으로 눈을 돌렸습니다. 바로 벼 연구에 관심을 두기 시작한 것입니다.

우리나라 사람들에게 김치 못지않게 중요한 먹을거리는 주식인 밥이었습니다. 국민들의 식생활을 풍족하게 하기 위해서는 무엇보다 쌀의 생산량을 늘리는 게 중요했습니다.

사실 우장춘에게 벼를 연구하는 일은 큰 모험이 아닐 수 없었습니다. 그러나 우장춘은 자신의 전공 분야와 상관없이 한 번 심은 벼에서 두 번을 수확할 수 있는 '1식 2수 벼'를 개발하는 게 소원이고 목표였습니다.

　해마다 남쪽 지방의 무논에서는 벼의 그루갈이 작물로 보리를 심었습니다. 하지만 우장춘은 보리보다는 수익이 훨씬 더 나은 감자를 심기로 했습니다. 감자는 나빠진 토양을 기름지게 하는 성질을 갖고 있어 벼농사에 도움이 되었습니다.

　그러나 당시는 씨감자의 개량이 아직 이루어지지 않은 때였습니다. 농가에서 재배하는 씨감자는 잎말잇병이 심해서 일본에서 수입해 쓰는 형편이었습니다.

　우장춘은 '1식 2수 벼' 연구에 들어갔습니다. 그런데 밤낮으로 연구에 몰두하던 우장춘이 1959년 5월 원예시험장 10주년 기념식이 있던 날, 갑자기 통증을 호소하며 쓰러지고 말았습니다. 그는 곧장 병원으로 실려 갔습니다.

잎말잇병 식물의 잎이 말려서 마르는 병.
십이지장 소장의 일부. 점액과 소화액을 분비하며 쓸개즙과 췌액을 받아들여 소화를 도움.

　"십이지장에 혹이 생겼습니다. 위험할 수도 있으니 수술을 해야겠습니다."

　우장춘이 입원해 있는 동안 연구원들이 문병을 왔습니다.

　"자네들이 고생이군. 벼는, 벼는 잘 크고 있나?"

　우장춘은 병상에 누워서도 벼가 잘 자라고 있는지 걱정했습니다. 벼를 보고 싶어 하는 우장춘을 배려해 한 연구원이 부산으로 전화를

걸어 농장에서 벼를 한 묶음 가져오게 했습니다.

"자네들이 애썼군. 이렇게 벼가 잘 자란 것을 보니 말이야."

우장춘은 눈물을 글썽였습니다. 우장춘은 그 벼를 자신이 잘 볼 수 있는 곳에 매달아 달라고 부탁했습니다. 그러고는 오랫동안 그 벼를 바라보며 생각에 잠기곤 했습니다.

여러 사람의 걱정 속에서 우장춘은 무사히 수술을 마쳤습니다. 그러나 우장춘의 몸은 점점 더 쇠약해져 갔습니다.

"더 이상 가망이 없을 것 같습니다."

의사는 고개를 가로저었습니다.

얼마 뒤, 농림부 장관이 병원으로 찾아왔습니다.

"대한민국 정부를 대표해 우장춘 박사님께 대한민국 문화 포장˚을 전합니다."

농림부 장관은 우장춘의 목에 메달을 걸어 주었습니다.

"고맙습니다."

우장춘은 눈물을 흘렸습니다. 자신을 인정해 준 조국에 대한 감사의 눈물이었습니다.

그리고 다음 날 새벽, 우장춘은 평화로운 모습으로 세상을 떠났습니다.

우장춘은 수원의 여기산에 묻혔습니다. 그곳은 우리나라 농업의 중심지로 여겨지는 곳이었습니다.

"씨앗은 그 자체가 하나의 생명이고 우주다."

우장춘은 육종학의 최고 권위자답게 씨앗에 대한 믿음과 자신만의 철학을 갖고 있었습니다. 그래서 제자들에게 입버릇처럼 이 말을 들려주곤 했습니다.

"씨앗을 잘 관찰하면 그 씨앗을 통해 거대한 우주가 살아 움직인다는 것을 알 수 있어. 그러한 이치로 인해 지구 상에 존재하는 모든 생물은 죽지 않고 생명을 이어 나가는 것이지. 곤충도 마찬가지야. 알에서 애벌레가 나오고 번데기를 거쳐 나비가 되지. 이것이

문화 포장 문화 예술 활동을 통해 국가에 기여한 사람에게 주는 상. 훈장보다는 한 단계 아래이고, 등급은 없음.

바로 세상을 움직이는 우주의 법칙이야."

우장춘이 병마와 싸우는 동안에도 전혀 흔들림이 없었던 것은 이와 같은 소신과 의지가 있었기에 가능한 일이었습니다.

우리나라 농업 발전을 위해 온몸을 아낌없이 던진 육종학자 우장춘, 그의 몸은 떠났지만 그의 정신은 우리 곁에 있습니다. 우장춘이 이 땅에 뿌리내린 육종학은 그의 제자들을 거쳐 오늘날까지 이어져 오고 있습니다.

한편, 우장춘이 없는 농장에서 연구원들은 굳은 각오를 다지며 연구에 몰두했습니다. 그 결과, 에프원(F1) 배추 두 품종을 얻는 데 성공했습니다. 이어서 에프원 양파 두 품종이 나왔고, 1962년에는 에프원 양배추도 개발해 냈습니다. 그리고 그 뒤, 여러 종묘 회사가 문을 열었습니다. 이렇듯 우장춘은 세상을 떠난 뒤에도 우리나라 농업 발전에 많은 영향을 끼쳤습니다.

> 에프원(F1) 여러 품종을 섞어 얻은 잡종 1세대로, 좋은 품질을 가졌음.

수원의 여기산에 있는 우장춘의 묘소 앞 비석에는 온화한 표정을 짓고 있는 우장춘의 모습이 조각되어 있습니다. 우장춘의 묘에서는 농촌진흥청이 내려다보입니다. 그리고 그곳에서 조금 떨어진 곳에 옛 서울대학교 농과대학 교정이 있습니다. 그는 우리 농업과 관계되는 두 건물을 가슴에 품은 채 고요히 잠들어 있습니다.

우장춘이 우리에게 남긴 것

"난 농학이라는 학문을 참 좋아하네. 물론 세상에는 훌륭한 학문이 많지. 예를 들어 의학을 보게나. 사람의 목숨을 살릴 수 있으니 얼마나 훌륭한가. 공학은 또 어떻고. 우리의 생활이 편리해지도록 좋은 기계들을 만들어 내니 그것 또한 훌륭한 일이지. 그러나 나는 그 중 농학을 가장 훌륭한 학문이라고 생각한다네. 이 땅에서 좋은 곡식과 채소를 길러 그것으로 우리 국민들을 배불리 먹을 수 있게 해 주니, 이 얼마나 훌륭한 학문인가. 하루 종일 고된 일터에서 일을 하고 집으로 돌아왔을 때, 소박하지만 정성이 담긴 밥상을 받는 것이 얼마나 눈물겨운 일인가 말일세."

우장춘은 이처럼 진정으로 농학을 사랑한 학자였습니다. 평생 그의 꿈은 하나였습니다. 바로 우리 땅에서 국민들이 배불리 먹을 수 있는 품질 좋은 농산물을 재배하는 것이었습니다. 그러한 꿈을 가지고 그는 일본에 사랑하는 가족들을 남긴 채, 한 번도 발을 디딘 적 없는 낯선 땅, 한국으로 온 것입니다.

그가 한국 땅에서 이루어 낸 기적은 수없이 많습니다. 우선 당시 수입에만 의존하던 배추와 무 종자를 우리나라에서 생산할 수 있도록 했으며, 수확량이 많은 벼를 개발했습니다. 또한 대관령에서 병이 없는 씨감자를 생산할 수 있도록 했습니다. 이러한 그의 노력으로 당시 굶주림으로 고통받던 국민들을 구할 수 있었습니다.

세월이 흘러 우리는 더 이상 먹을 것이 부족하다는 이유로 고민을 하지 않게 되었습니다. 그러나 우리는 다른 위기에 처해 있습니다. 바로 값싼 외국산 농산물들이 우리의 식탁을 가득 채우고 있다는 점입니다.

우장춘은 왜 우리 땅에서 품질 좋은 종자들을 만들어 내려고 그토록 노력한 것일까요? 한 번쯤 고민해 보아야 할 것입니다.

우장춘

고무신을 좋아해 고무신 할아버지로 불린 우장춘. 평생 밀짚모자에다 낡은 작업복을 입은 채 농장을 누빈 그는, 어쩌면 세계적인 육종학자라는 화려한 이름보다는 척박했던 우리 땅에 희망의 씨앗을 심은 한 농사꾼으로 기억되기를 바랄지도 모릅니다.

생각쟁이 열린마당

농산물 시장 개방에 대비하는 우리 농업

2007년 4월, 한·미 자유 무역 협정(FTA)이 체결되면서 우리 농민들의 근심은 더욱 늘어 가고 있다. '자유 무역 협정'이란 무역을 자유롭게 하기 위해 여러 가지 혜택을 주며 서로의 시장을 개방하자는 나라와 나라 사이의 약속이다. 한·미 자유 무역 협정으로 미국의 값싼 농산물이 대량으로 들어오게 되면서 우리 땅에서 생산된 농산물이 가격 경쟁력을 잃고 소비자들에게 외면받게 되지 않을까 걱정하는 사람이 많다.

그러나 우리 농촌도 이러한 환경에 적응하기 위해 과거의 농업 형태에서 벗어나 새로운 농업을 일으키기 위해 많은 변화를 꾀하고 있다.

특히 참살이(웰빙) 문화의 바람을 타고 이에 발맞춘 여러 농산물이 등장하면서 이들이 우리 농업의 새로운 대안이 되고 있다. 그 중 하나가 바로 새싹 채소인데, 우리 민족은 콩나물, 숙주, 보리 등 이미 오래전부터 새싹 채소 음식을 즐겨 왔다. 최근에는 브로콜리 싹이 암 예방에 매우 효과적이라는 연구 결과가 발표되면서, 우리 농업에 새로운 활력을 불어넣고 있다. 이

밖에도 붉은 양배추 싹은 위장에, 크레스 싹은 아토피 피부염에 좋다는 사실이 밝혀지면서 새싹 채소의 인기는 점차 증가하고 있는 실정이다.

참살이 식품으로 주목받는 농산물 중에서 비타민 C가 풍부한 파프리카는 그 중 으뜸이라고 할 수 있다. 원래 중앙아메리카가 원산지인 파프리카는 1994년 무렵 우리나라에 들어왔는데, 주로 전라남도 지역과 경상남도 지역을 중심으로 재배되고 있다. 지금은 강원도 고랭지까지 재배 지역이 확대되어 1년 내내 생산할 수 있는 환경을 갖추게 되었다.

한국에서 생산되는 파프리카는 세계 여러 나라로 수출되기도 하는데, 초기에는 네덜란드산에 비해 품질이 낮아 소비자로부터 외면받았지만, 우리 농민들의 피땀 어린 노력으로 기술이 향상되어 지금은 월등히 좋은 품질과 저렴한 가격으로 세계 시장에서 높은 경쟁력을 갖추게 되었다.

한편, 우장춘은 이미 오래전에 제주도가 감귤 재배의 최적지라는 것을 한눈에 알아보았다. 우장춘 덕분에 감귤은 과일을 구하기 힘든 겨울철 누구나 즐겨 먹는 국민 과일로 자리매김하게 되었다. 수입 농산물이 밀려오면서 점점 그 자리를 위협받게 되었지만, 더 달고 맛있는 고급 품종 '한라봉'이나 '천혜향', '청견' 등의 새로운 상품을 개발하면서 자유 무역 협정 등 농산물 시장 개방에 따른 감귤 산업의 위기를 슬기롭게 극복하고 있다.

또한 우장춘은 우리 국민이 잘 먹고 잘 사는 때가 오면 몸이 아닌 마음을 살찌우는 일에도 관심을 가질 것이란 생각으로 꽃에 많은 관심을 두었다. 누군가에게 자신의 감정을 상징적으로 표현하는 것 중의 하나가 바로 꽃이다. 많은 사람이 기쁘고 즐거운 마음은 빨간 장미로, 슬픈 사람에게 건네는 위로의 마음은 하얀 국화로, 부모님과 스승에 대한 감사의 마음은 카네이션으로 표현한다.

　따라서 꽃을 키우는 화훼 산업 역시 우리 농업의 새로운 대안이라 할 수 있다. 꽃에 대한 사랑은 세계 어느 나라나 마찬가지여서 해외로 수출할 수 있는 길도 넓게 열려 있다고 한다.

　이처럼 새로운 농산물 재배는 물론 기존의 품종을 개량하고, 시장을 넓혀 수출을 모색하는 등 새롭게 발전하려는 노력들이 계속되는 한 우리 농업의 경쟁력 또한 점점 더 올라갈 것이다. 여기에 오랫동안 사용해 온 화학 비료와 농약 등을 줄이거나 아예 사용하지 않는 친환경 농업까지 제대로 자리를 잡는다면, 우리 농업의 미래는 더욱 밝아질 것이다.

우장춘의 발자취

1895년 일본 자객들이 경복궁에 쳐들어와 명성 황후를 시해한 을미사변이 일어남.

1898년 일본 도쿄에서 조선인 아버지와 일본인 어머니 사이에서 태어남.

1903년(6세) 명성 황후 시해 사건에 가담했다는 이유로 아버지 우범선이 조선에서 온 자객에게 살해당함. 가난한 형편 때문에 고아원에 잠시 맡겨짐.

1905년(8세) 고아원에서 나와 어머니, 동생과 함께 히로시마로 이사함.

1911년(14세) 구레 중학교에 입학.

1890 — 1900 — 1910

1895년 일본이 청일 전쟁에서 승리해 청나라와 시모노세키 조약을 맺고 한반도를 세력권 안에 넣음.

1898년 프랑스의 과학자 퀴리 부부가 라듐을 발견함.

1903년 미국의 라이트 형제가 비행기를 발명함.

1905년 인도에서 영국의 통치에 반대하는 자치 운동이 일어남.

1907년 뉴질랜드가 영국의 식민지가 됨.

1910년 남아프리카 공화국이 영국의 식민지가 됨.

1911년 노르웨이의 아문센이 인류 역사상 처음으로 남극점에 도달함.

1912년 영국을 출발한 여객선 타이타닉호가 북대서양에서 침몰함.

1913년 영국 의회에서 아일랜드 자치 법안이 통과됨. 노르웨이와 핀란드에서 여성들이 참정권을 얻음.

1919년(22세) 도쿄 제국 대학 농학부 실과를 졸업하고, 일본 농림성 농사 시험장에 들어가 나팔꽃에 관한 연구를 시작함.

1924년(27세) 고하루와 결혼함. 일본 정부가 식량난을 해결하기 위해 세운 고노스 농장에서 일하게 됨. 첫딸이 태어남.

1930년(33세) 겹꽃 피튜니아 개발에 성공함.

1935년(38세) 박사 학위 논문 〈종의 합성〉을 완성함.

1936년(39세) 도쿄 제국 대학에서 농학 박사 학위를 받음. 〈종의 합성〉이 세계 여러 나라의 농학 잡지에 소개됨.

1937년(40세) 도쿄 다키이 농장에서 일하게 됨.

1920   **1930**

1919년 중국 베이징에서 학생들이 봉건주의와 제국주의에 반대해 5·4 운동을 일으킴.

1922년 이집트가 영국으로부터 독립함.

1923년 에스파냐에서 쿠데타가 일어나 군사 독재 정권이 수립됨.

1924년 세계에서 두 번째 공산주의 국가인 몽골 인민 공화국이 수립됨.

1928년 영국에서 선거법이 개정되어 남녀가 동등하게 선거권을 가지게 됨.

1929년 뉴욕 월가에서 주가가 대폭락해 대공황이 일어남.

1931년 일본이 중국의 만주를 침략함으로써 만주 사변이 일어남.

1933년 미국의 루스벨트 대통령이 대공황을 극복하기 위해 뉴딜 정책을 시행함.

1934년 독일과 폴란드가 불가침 조약을 맺음.

1936년 프랑코가 쿠데타를 일으켜 에스파냐에 내전이 일어남.

1937년 일본군이 중국에서 포로와 일반인 30만 명 이상을 학살함.

1945년(48세) 다키이 종묘 회사 농장의 책임자와 교토 대학 교수직을 그만두고 귀국하려 했지만, 일본 정부가 보내 주지 않음.

1947년(50세) '우장춘 박사 귀국 추진 위원회'가 만들어져 우장춘의 귀국 운동을 벌임.

1949년(52세) 귀국하기 위해서, 외국 사람들을 강제로 돌려보내려고 임시로 만든 오무라 수용소에 자진해 들어감.

1950년(53세) 부산으로 오는 강제 송환선을 타고 귀국함. 한국농업과학연구소 소장으로 임명됨.

1952년(55세) 전라남도 진도에서 채소 종자 시험 재배에 들어감.

1953년(56세) 과일나무를 연구하고 묘목 재배에 들어감. 육종학을 널리 알리기 위해 씨 없는 수박을 만듦. 농장 안에 우물을 만들어 '자유천'이라 이름 지음.

1954년(57세) 진도에서 배추와 무 종자를 생산해 냄.

1940 · 1950

1945년 제2차 세계 대전이 끝남.

1947년 유럽이 공산화되는 것을 막기 위해 미국이 경제 원조를 한다는 내용의 마셜 플랜이 수립됨.

1949년 중국 공산당이 중화 인민 공화국을 세움.

1950년 미국의 국무 장관 애치슨이 한반도를 미국의 방위선 밖으로 한다는 내용의 애치슨 선언을 발표함.

1952년 소련이 원자 폭탄 실험에 성공하자, 이에 자극받은 미국이 수소 폭탄 실험을 해서 성공함.

1953년 영국의 힐러리가 세계 최초로 에베레스트 산 정상에 오름.

1954년 프랑스가 인도차이나 전쟁에서 패하고 물러남.

1957년(60세) 보급 종자의 생산 목표 수치를 넘어서 채소 종자의 수입이 필요하지 않게 됨. 부산시 제1회 문화상 과학 부문상을 받음.

1958년(61세) 농사원 원예시험장 장이 됨.

1959년(62세) 십이지장 궤양으로 국립의료원에 입원했다가 세상을 떠남. 농촌진흥청 안의 여기산에 묻힘.

2005년 충청북도 진천군 농업기술센터에서 '약한 엑스(X)-선'을 이용해 씨 없는 수박을 만드는 데 성공함.

2000

1957년 소련이 인공위성 스푸트니크 1호 발사에 성공함.

1958년 유럽 경제 통합 기구인 유럽 경제 공동체(EEC)가 만들어짐.

1959년 미국을 비롯한 12개국이 남극 조약을 맺어 남극 이용 원칙을 확립함.

2001년 미국의 뉴욕에 있는 세계 무역 센터가 이슬람 테러 단체에 의해 테러를 당함.

2003년 미국이 이라크의 대량 살상 무기를 제거함으로써 자국민을 보호하고 세계 평화에 이바지한다는 대외 명분을 내세워 이라크 전쟁을 시작함.

2004년 인도네시아 수마트라 섬에서 대지진과 해일이 일어나 수만 명이 사상함.

2005년 교황 요한 바오로 2세가 세상을 떠남.